产品服务化供应链管理

郭福利 马 歆 王 韵 著

·北京·

内 容 提 要

服务型制造是制造与服务融合发展的新型产业形态,是制造业转型升级的重要方向。制造业企业通过创新优化生产组织形式、运营管理方式和商业发展模式,不断增加服务要素在投入和产出中的比重,从以加工组装为主向"制造＋服务"转型,从单纯出售产品向出售"产品＋服务"转变,有利于延伸和提升价值链,提高全要素生产率、产品附加值和市场占有率。

本书对产品服务化供应链管理进行了研究,主要内容包括:产品服务化供应链基础理论分析、产品服务化供应链营销协调机制设计研究、产品服务化供应链能力协调机制设计研究、产品服务化供应链收益分配协调机制设计研究等。

本书结构合理,条理清晰,内容丰富新颖,可供从事相关研究工作的人员参考阅读。

图书在版编目(CIP)数据

产品服务化供应链管理 / 郭福利,马歆,王韵著. —北京:中国水利水电出版社,2019.2
ISBN 978-7-5170-7482-3

Ⅰ. ①产… Ⅱ. ①郭… ②马… ③王… Ⅲ. ①工业产品—产品管理—供应链管理 Ⅳ. ①F405

中国版本图书馆 CIP 数据核字(2019)第 031732 号

书　　名	产品服务化供应链管理 CHANPIN FUWUHUA GONGYINGLIAN GUANLI
作　　者	郭福利　马歆　王韵　著
出版发行	中国水利水电出版社 (北京市海淀区玉渊潭南路1号D座 100038) 网址:www.waterpub.com.cn E-mail:sales@waterpub.com.cn 电话:(010)68367658(营销中心)
经　　售	北京科水图书销售中心(零售) 电话:(010)88383994、63202643、68545874 全国各地新华书店和相关出版物销售网点
排　　版	北京亚吉飞数码科技有限公司
印　　刷	三河市华晨印务有限公司
规　　格	170mm×240mm　16 开本　9.75 印张　175 千字
版　　次	2019 年 5 月第 1 版　2019 年 5 月第 1 次印刷
印　　数	0001—2000 册
定　　价	58.00 元

凡购买我社图书,如有缺页、倒页、脱页的,本社营销中心负责调换

版权所有·侵权必究

前　言

　　服务型制造是制造与服务融合发展的新型产业形态，是制造业转型升级的重要方向。制造业企业通过创新优化生产组织形式、运营管理方式和商业发展模式，不断增加服务要素在投入和产出中的比重，从以加工组装为主向"制造＋服务"转型，从单纯出售产品向出售"产品＋服务"转变，有利于延伸和提升价值链，提高全要素生产率、产品附加值和市场占有率。

　　发展服务型制造，是增强产业竞争力、推动制造业由大变强的必然要求。越来越多的制造企业进行"服务转型"，不再只关注有形产品的提供，而是向客户提供"产品服务系统"。伴随着制造企业的服务转型，传统的供应链演变为"产品服务化供应链"。由于产品服务化供应链在结构模型、特征、运作模型等方面与传统供应链有很大不同，所以传统的供应链管理策略已不能指导产品服务化供应链的实践活动。如何对产品服务化供应链进行管理是学术界需要迫切解决的前沿性问题。

　　在运用系统论、超网络和过程管理的思想对产品服务化供应链基础理论分析的基础上，围绕产品服务化供应链系统的绩效改善问题，综合运用供应链管理、博弈论、机制设计等理论，对产品服务化供应链营销协调、能力协调、收益分配等问题进行了研究。

　　第1章，绪论。从现实背景、理论背景阐述了研究的必要性及意义，并从服务化、产品服务化供应链、供应链协调等方面梳理了相关问题的国内外研究现状，在此基础上明确了研究目的、研究内容以及所需的研究方法与技术路线，形成了整体的研究框架。

　　第2章，文献回顾与理论综述。根据研究需要，对供应链营销协调、交叉销售、关联规则分析、服务能力、供应链契约协调、网络分析法等相关问题的国内外研究进展进行了梳理与分析，为研究提供理论基础。

　　第3章，案例分析。从驱动要素、实施模式以及实施效果等方面对国内外服务型制造典型企业进行了梳理分析。

　　第4章，产品服务化供应链基础理论分析。运用系统论、超网络和过程管理的思想对产品服务化供应链基础理论进行了研究，提出了产品服务化供应链的结构模型，明确了产品服务化供应链的特征，并确定了其协调中的关键问题。研究表明,产品服务化供应链系统是由产品供应链和服务供应链融合而形成的"超网络供应链"。从系统论的观点来看,其系统输入端为有形的制造资源和无形的服务能力,中间转换为客户参与下成员企业间相互提供生产性服务和服务性生产的过程,系统输出端为满足客户需求的产品服务系统。依据过程管理的思想将产品服务化供应链管理的主要问题分为营销协调、能力协调和收益分配协调等方面。

第 5 章,产品服务化供应链营销协调机制设计。运用交叉销售理论对产品服务化供应链的营销协调问题进行了研究,并设计了有效的营销协调机制。通过对产品服务化供应链客户需求特征的分析,明确了客户需求的表现形式,并分析了客户选择行为的影响因素。针对现有分类研究结果过于笼统的问题,依据产品服务系统价值创造和实现的先后顺序,将产品服务系统分为不同的价值模块,并构建了不同价值模块间关联关系的识别模型。运用 Apriori 算法,根据最小支持度和最小可信度原则,按连接和剪枝的先后顺序对该模型进行了求解分析,为集成服务提供商交叉销售定价策略的制定提供了依据。

第 6 章,产品服务化供应链能力协调机制设计。以由单个供应商、单个分包商和集成服务提供商构成的产品服务供应链为对象,运用博弈论和机制设计等理论对综合考虑供应和需求不确定性下的能力协调问题进行了研究,并设计了基于惩罚和收益共享联合契约的能力协调机制。研究得出,在分散状态下,供应商不能够满足分包商能力需求的可能性与其订购量无关。针对供应不确定,构建了基于惩罚契约的供应商和分包商间的协调模型,研究结果表明在惩罚契约状态下能力供应的不确定性得到了降低,并且两者的收益均得到了提高;针对需求不确定,构建了基于收益共享契约的分包商和集成服务提供商间的协调模型,研究发现收益共享契约状态下两者的收益均得到了提高,但该协调模型无法降低能力供应的不确定性。进一步,综合考虑供应和需求不确定,构建了基于惩罚和收益共享的联合契约的产品服务化供应链能力协调模型,研究表明惩罚和收益共享的联合契约不但提高了能力供应的可能性,也减弱了需求不确定性带来的影响,产品服务化供应链整体收益及各成员企业的收益均得到了提高。

第 7 章,产品服务化供应链收益分配协调机制设计。运用委托代理和机制设计等理论对产品服务化供应链的收益分配协调问题进行了研究,并设计了基于改进 Shapley 值法的收益分配协调机制。传统 Shapley 值法仅考虑成员企业的贡献率对收益分配协调的影响。本章综合考虑成员企业的投资额、承担风险、创新能力和响应时间等因素,以实现对 Shapley 值法的改进,并运用 AHP 确定上述影响因素的权重。由于影响因素间存在相互影响关系,进一步提出并运用ANP确定影响因素的权重,并以此为依据设计了应用ANP的基于改进Shapley值法的收益分配协调机制,这样使得该产品服务化供应链的收益分配协调机制更为合理和贴近现实。

第8章,研究结论与展望。在研究的基础上,从考虑客户选择行为的产品服务化供应链营销协调机制设计、考虑能力匹配约束下的产品服务化供应链能力协调机制设计以及多个供应商、多个分包商和集成服务提供商间的能力协调机制设计等方面给出了下阶段的研究展望。

全书的内容和结构由华北水利水电大学郭福利、马歆确定。各章的具体分工:华北水利水电大学王韵、雷喻淇参与第1章和第2章的写作,并负责第1章、第2章、第3章和第4章的校对;华北水利水电大学吴菲菲、孔卫琴参与第2章和第3章写作,并负责第5章、第6章、第7章和第8章的校对。郭福利、马歆负责各章节的写作、统稿以及修改。

书中引用了国内外大量的论文、著作等,在此对所引用的文献资料的作者们表示诚挚的感谢。由于本书内容涉及不同行业且发展之迅速,虽经反复修改完善,仍难免存在不当之处,恳请读者和同仁给予批评指正。

作 者

2018年11月

目 录

前言

第1章 绪论 ………………………………………………………… 1
  1.1 研究背景和意义 ………………………………………………… 1
  1.2 国内外研究现状分析 …………………………………………… 10
  1.3 研究目的、内容及拟解决的关键问题 ………………………… 23
  1.4 研究方法与技术路线 …………………………………………… 27
  参考文献 ……………………………………………………………… 28

第2章 文献回顾与理论综述 …………………………………… 30
  2.1 供应链营销协调研究综述 ……………………………………… 30
  2.2 交叉销售研究综述 ……………………………………………… 31
  2.3 关联规则分析 …………………………………………………… 34
  2.4 服务能力研究综述 ……………………………………………… 37
  2.5 供应链契约协调研究综述 ……………………………………… 42
  2.6 基于 Shapley 值法的供应链收益分配研究综述 …………… 46
  2.7 网络分析法 ……………………………………………………… 48
  参考文献 ……………………………………………………………… 52

第3章 案例分析 ………………………………………………… 54
  3.1 国外服务型制造案例 …………………………………………… 54
  3.2 国内服务型制造案例 …………………………………………… 56
  参考文献 ……………………………………………………………… 60

第4章 产品服务化供应链基础理论分析 …………………… 61
  4.1 产品服务化供应链的定义 ……………………………………… 61
  4.2 产品服务化供应链的结构模型 ………………………………… 62
  4.3 产品服务化供应链的特征 ……………………………………… 64
  4.4 产品服务化供应链与传统供应链的对比分析 ………………… 65
  4.5 产品服务化供应链的运作模型 ………………………………… 72
  4.6 产品服务化供应链协调中的关键问题分析 …………………… 79
  4.7 本章小结 ………………………………………………………… 80
  参考文献 ……………………………………………………………… 81

第 5 章　产品服务化供应链营销协调机制设计研究 …………… 82
5.1　产品服务化供应链的客户需求特征分析 …………………… 82
5.2　产品服务系统价值模块的划分 ………………………………… 85
5.3　基于关联规则分析的产品服务系统中价值模块间关联关系识别模型 …………………………………………………… 87
5.4　基于价格折扣的交叉销售价格策略制定 ……………………… 90
5.5　数值仿真分析 …………………………………………………… 91
5.6　本章小结 ………………………………………………………… 97
参考文献 ……………………………………………………………… 97

第 6 章　产品服务化供应链能力协调机制设计研究 …………… 99
6.1　问题描述和基本假设 …………………………………………… 100
6.2　分散状态下产品服务化供应链的决策行为分析 ……………… 101
6.3　协调状态下产品服务化供应链的决策行为分析 ……………… 104
6.4　数值仿真分析 …………………………………………………… 111
6.5　本章小结 ………………………………………………………… 115
参考文献 ……………………………………………………………… 116

第 7 章　产品服务化供应链收益分配协调机制设计研究 ……… 117
7.1　问题描述 ………………………………………………………… 117
7.2　基于 Shapley 值法的产品服务化供应链收益分配协调模型 …………………………………………………………… 118
7.3　其他情形下的产品服务化供应链收益分配协调模型 ………… 119
7.4　综合策略下产品服务化供应链收益分配协调模型 …………… 125
7.5　数值仿真分析 …………………………………………………… 131
7.6　本章小结 ………………………………………………………… 140
参考文献 ……………………………………………………………… 140

第 8 章　研究结论与展望 ………………………………………… 141
8.1　研究结论和主要贡献 …………………………………………… 141
8.2　局限性及进一步研究的问题 …………………………………… 146

第 1 章　绪论

1.1　研究背景和意义

1.1.1　实践背景

1. 从"基于产品"到"基于服务"市场竞争的转变促进了产品服务化供应链的发展

发展服务型制造,是增强产业竞争力、推动制造业由大变强的必然要求。我国是全球第一制造大国,但制造业在国际产业分工体系中总体处在中低端,面临着资源环境约束强化和生产要素成本上升等问题,主要依靠资源要素投入和规模扩张的粗放经济增长方式难以为继。发展服务型制造,以创新设计为桥梁,推动企业立足制造、融入服务,优化供应链管理,深化信息技术服务和相关金融服务等应用,升级产品制造水平,提升制造效能,拓展产品服务能力,提升客户价值,能够在转变发展方式、优化经济结构中实现制造业可持续发展,打造产业竞争新优势。

在科学技术高度普及和市场信息迅速传播的环境下,不同的实力相当的制造企业生产的同类或相似产品,其设计和制造水平已相差无几。所以,相同或相似产品的有形部分的属性,例如品质、功能、特性等方面的差异越来越小。而客户对商品的选择,已不再只参考商品有形部分的属性,而是在很大程度上取决于其无形部分属性的一面,如企业"如何提供商品""提供何种服务""如何服务客户"等方面。

国外许多著名企业,如 IBM、GE、米其林、罗尔斯·罗伊斯等均实施服务化战略,由制造领域向服务领域拓展。其中,IBM 曾是一家单纯的硬件制造商,但如今已成功转型为"系统解决方案提供商",且服务业务给其带来更多的收益。2010 年,IBM 的硬件收入仅占全部收入的 7.51%,其余收入均来自全球服务、软件和全球金融服务。

国内一些大型制造企业如陕鼓、海尔、杭氧股份有限公司等也在实施服务化战略。例如,陕鼓动力是为石油、化工、冶金、空分、电力、城建、环保、制药和国防等国民经济支柱产业提供透平机械系统问题解决方案及系统服务的制造商、集成商和服务商,形成了"能量转换设备制造、工业服务、能源基础设施运营"三大业务板块。目前,陕鼓动力已通过国际化战略整合全球研发资源,构建了超临界混合工质布雷顿循环发电技术、有机工质朗肯循环ORC技术、一体化机技术、高参数中小汽轮机及生物质能气化技术等前沿技术研发,以及商务、金融方案的核心能力。在分布式能源领域,陕鼓动力自主创新、研发的"冶金余热余压能量回收同轴机组应用技术"已入选国际能效合作伙伴关系组织(IPEEC)国际"双十佳"最佳节能技术项目。

制造企业服务转型的供应链即产品服务化供应链与传统的供应链相比发生了很大的变化,主要表现为产品服务化供应链为客户提供服务的范围扩大,涵盖产品和服务且更注重服务的提供;产品服务化供应链的结构更为复杂,产品服务化供应链中产品供应链和服务供应链相互协作共同满足客户的需求;产品服务化供应链强调客户参与,以及各成员企业间的相互协作,追求产品服务化供应链自身收益增加和客户价值增值等。

越来越多的制造企业实施服务转型,促进了产品服务化供应链的发展。随着制造企业服务转型的深度和宽度不断加深和拓宽,逐渐深入到具体的运作层面,即涉及制造企业服务转型下供应链管理问题的研究。所以,该转型过程加快了产品服务化供应链的发展。

2. 科学技术的发展为产品服务化供应链的运作提供了支撑

科学技术的发展,尤其是现代信息技术和先进制造技术的快速发展,为产品服务化供应链的有效运作提供了技术支撑。

发展服务型制造,是顺应新一轮科技革命和产业变革的主动选择。工业化进程中产业分工协作不断深化,催生制造业的服务化转型。信息化特别是新一代信息通信技术的深度应用,加速服务型制造的创新发展。发达经济体实践证明,发展服务型制造是抢占价值链高端的有效途径。当前,国际产业分工格局正在发生深刻调整,我国制造业亟须补足短板,实现转型发展。同时,我国也迎来与全球同步创新的难得机遇,"中国制造+互联网"的深入推进为服务型制造提供了广阔发展空间和强大技术支持,必须加快制造与服务的协同融合,才能重塑制造业价值链,培育产业发展新动能。

新一代信息技术与制造业深度融合,正在引发影响深远的产业变革,形成新的生产方式、产业形态、商业模式和经济增长点。各国都在加大科技创新力度,推动三维(3D)打印、移动互联网、云计算、大数据、生物工程、新能源、新材料等领域取得新突破。基于信息物理系统的智能装备、智能工厂等智能制造正在引领制造方式变革；网络众包、协同设计、大规模个性化定制、精准供应链管理、全生命周期管理、电子商务等正在重塑产业价值链体系；可穿戴智能产品、智能家电、智能汽车等智能终端产品不断拓展制造业新领域。我国制造业转型升级、创新发展迎来重大机遇。

现代信息技术和先进制造技术的迅速发展，使得产品或服务的研发设计和制造或提供过程实现了分离，企业之间相互提供生产性服务和服务性生产，工艺流程级别的分工和协作成为现实，企业间的协作关系日益紧密化。其中，生产性服务是指那些作为商品或其他服务提供过程的投入而发挥作用的服务，具体包括专业服务(法律、会计、管理咨询等)、信息和中介服务(广告与市场研究、信息技术服务等)、金融保险服务(风险投资、债务市场等)、贸易相关服务(进出口贸易、仲裁与调解等)；服务性生产是指为保持生产过程的连续性、促进技术进步、产业升级和提高生产效率提供保障服务的服务行业，是与制造业直接相关的配套服务业，具体包括原材料和零部件的供应。以柔性生产线(Flexible product line, FPL)、快速响应(Quick response, QR)、敏捷制造(Agile manufacturing, AM)、计算机辅助设计(Computer aided design, CAD)、计算机辅助工艺过程设计(Computer aided process planning, CAPP)为代表的先进制造技术的运用，使得制造企业能够为合作伙伴提供个性化的服务性生产。

此外，现代信息技术的迅速发展同样实现了服务的提供和消费在一定程度上得以"分离"，出现了业务流程外包等模式，而"能力外包"是产品服务化供应链的主要业务模式，以及现代快速交通运输技术的发展，也为企业之间相互提供生产性服务和服务性生产奠定了基础，进一步促进了企业间的分工协作。

产品服务化供应链的运作需建立在先进制造模式的基础上，要求形成分散化的客户资源、制造资源和服务能力参与设计和生产的有效途径，使得产品服务化供应链在为客户提供产品服务系统的同时，能够最大程度上追求大规模生产的效率。这需要建立以敏捷制造和分散网络化制造为基础的制造系统，并确定定制化生产与大规模生产的耦合点。

大规模定制模式的产品与服务的生产或提供过程具有高度的不确定性。为了在满足客户个性化需求的前提下，提高产品服务系统的可靠性、可制造性、可维护性与降低总成本，需要建立以精益生产为基础的生产运作系统。

在建立了先进制造系统的基础上，还需要建立基于现代信息技术和知识管理(Knowledge management)技术的先进管理系统。基于工艺流程、业务流程的分工和成员企业间的协作需要建立起共同的制造与服务接口规范,以实现不同模块间的无缝对接。因此,需建立产品服务化供应链知识管理系统,实现对技术、制造过程、服务过程、客户等方面知识的发现、管理和利用。

可见,产品服务化供应链的有效运作得益于现代先进信息技术在制造业生产和管理领域的广泛应用。现代先进信息技术和先进制造模式结合在一起,互相影响、互相促进,推动了制造业生产方式的不断进步和变革,在研发设计、产品加工、售后服务、升级改造等各环节上的融合,为产品服务化供应链的有效运作提供了支撑。

3. 政策支持对产品服务化供应链的发展起到了重要的推动作用

产品服务化供应链是在制造业服务化转型背景下诞生和发展起来的,世界主要发达国家都非常重视制造业服务化模式的推广,并通过不同的资助形式进行,如美国将其称之为"基于服务的制造"(Service based manufacturing),澳大利亚称之为"服务增强型制造"(Service-enhanced manufacturing),日本称之为"服务导向型制造"(Service-oriented manufacturing),英国称之为"产品服务系统"(Product service system)。

当前,我国正处在由工业化中级阶段向高级阶段的过渡时期,利用服务业迅速发展的良好机遇,将制造与服务融合是促进我国制造业和服务业快速协调发展、促进工业和服务业整体技术水平提高的基础。2009年5月,国务院颁布了《装备制造业调整和振兴规划》,指出调整和振兴装备制造业的主要任务之一是转变产业发展方式,进行产业调整升级,逐步实现由"生产型制造"向"服务型制造"转变,这标志着"发展制造业服务化"已经引起我国政府的高度重视。"十二五"发展规划建议中指出"加快转变经济发展方式是我国经济社会领域的一场深刻变革,必须贯穿经济社会发展全过程和各领域,提高发展的全面性、协调性、可持续性,坚持在发展中促转变、在转变中谋发展,实现经济社会又好又快发展",坚持把经济结构战略性调整作为加快转变经济发展方式的主攻方向,提升制造业核心竞争力,发展战略性新兴产业,加快发展服务业,实现制造业的服务转型,促进经济增长向依靠第一、第二、第三产业协同带动转变。

2015年,国务院印发《中国制造2025》,指出积极发展服务型制造和生产性服务业;加快制造与服务的协同发展,推动商业模式创新和业态创新,促进生产型制造向服务型制造转变;大力发展与制造业紧密相关的生产性服务业,推动服务功能区和服务平台建设;推动发展服务型制造;研究制定促进服务型制造发展的指导意见,实施服务制造行动计划;开展试点示范,引导和支持制造业企业延伸服务链条,从主要提供产品制造向提供产品和服务转变;鼓励制造业企业增加服务环节投入,发展个性化定制服务、全生命周期管理、网络精准营销和在线支持服务等;支持有条件的企业由提供设备向提供系统集成总承包服务转变,由提供产品向提供整体解决方案转变,鼓励优势制造业企业"裂变"专业优势,通过业务流程再造,面向行业提供社会化、专业化服务;支持符合条件的制造业企业建立企业财务公司、金融租赁公司等金融机构,推广大型制造设备、生产线等融资租赁服务。

2016年,工业和信息化部、国家发展改革委和中国工程院联合印发《发展服务型制造专项行动指南》,通过三年的发展,服务型制造水平明显提升,对企业提质增效和转型升级的促进作用进一步增强;制造与服务全方位、宽领域、深层次融合;基本实现与制造强国战略进程相适应的服务型制造发展格局。

产品服务化供应链的有效运作是制造业服务化转型的重要保证,同时制造业服务化的研究和实施也是产品服务化供应链有效实施的理论和实践基础。国家政策的支持为制造业服务化模式的实施和发展起到了导向作用,同时也为产品服务化供应链的实施和发展起到了非常重要的推动作用。

1.1.2 理论背景

1. 服务化理论的兴起及其不足

1962年,Becker提出由有形产品向服务转移的思想。经历了二十多年的沉寂,20世纪80年代末期,由产品向服务转移的思想再度成为研究的热点。

S. Vandermerwe和J. Rada(1988)最早提出"服务化"(Servitization)的概念,他们认为制造企业由仅仅提供有形产品或产品与简单附加服务向"产品服务包"(Product-service bundles)转变,完整的"包"主要包括有形产品、服务、支持活动、自我服务和知识等,并且服务在整个"包"中处于主导地位,是价值增加值的主要来源。

而后,A.L.White等(1999)指出服务化(Servicizing)就是制造企业的角色由有形产品供应商向服务提供商转变,而且该转变过程是一个动态变化的过程,制造企业和产品均有可能处于服务化转型过程中,并表现出不同的形式。

E.D. Reiskin等(1999)将服务化定义为制造企业从以"生产产品为中心"向以"提供服务为中心"的转变。

进一步，A. Szalavetz(2003)指出服务化具有两层含义：一是制造企业内部服务的效率对其综合竞争力来说日益重要，已超过了资产投入、生产运作、人力资本、技术等因素，而内部服务不仅包括产品的研发设计和使用培训等，还包括金融、法律等服务；二是与有形产品相关的外部服务对客户满意的重要性日益提高，而外部服务不仅包括维护、维修等，还包括融资、咨询、评价、升级改造和回收等服务。

与服务化理论相关的研究还有：1966年，Greenfield在研究服务业分类时最早提出了"生产性服务业"(Producer services)的概念，即可用于商品和服务的进一步生产的，非最终消费服务。生产性服务是指面向生产的服务，而不是解决如何为客户服务，并没有真正找到服务的最终对象。国内学者孙林岩等(2007)在前人对生产性服务和服务性生产研究成果的基础上提出了"服务型制造"(Service-based manufacturing)的概念。所谓服务型制造，是指制造与服务相融合的新的产业形态，将服务和制造融合，制造企业通过相互提供工艺流程级的制造过程服务，相互协作完成产品的制造；生产性服务企业通过为制造企业和客户提供贯穿产品整个生命周期的业务流程级服务，共同为客户提供完整的产品服务系统。

何哲等(2008)指出服务型制造是基于制造的服务和面向服务的制造，表现为制造企业向服务领域的拓展和服务企业向制造企业的渗透，制造和服务相互融合，进一步指出服务型制造具有整合、增值、创新等三大特性。

林文进等(2009)指出服务型制造是一种可持续的商业模式，相比于传统的制造模式，制造与服务融合过程中的客户参与和体验，以及各成员企业间的网络化协作提供产品服务系统是其主要的特征，并进一步指出服务型制造当前研究的问题主要有：产品服务系统设计、服务型制造的价值形成机理、服务型制造的网络组织结构。

李刚等(2010)在基于先进制造系统和现代运作管理系统的服务型制造的理论基础上，通过对其商业模式、生产组织方式和运作模式等问题的分析，指出服务型制造的主要研究内容包括：需求管理、能力管理、企业网络和风险管理等。

程东全等(2011)就服务制造中的价值链体系构建和运行机制进行了研究，认为在服务型制造时代，价值链创造模式可以概括为"三全"方式。服务型制造的运行需要信息技术的支持、知识管理的融入和动态与协同的管理方式。企业发展服务型制造需要建立起先进的制造系统和管理系统，重构供应链价值体系，以适应企业发展的内外部环境，提高企业的市场竞争能力。

谢文明等(2012)在系统阐述服务型制造的起源及特征的基础上，通过分析上海电气向服务型制造转型的典型案例,总结提出了上海电气实施服务型制造的两种模式:基于共生的服务模式和基于内生的服务模式。

罗建强等(2013)在我国制造业以"二元"身份承担着工业化和服务化双重重任的背景下,研究制造业转型方向及其实现模式是我国经济转型能否成功的前提。

罗建强(2015)从与制造业务相关的视角界定了服务衍生的概念,给出了服务衍生的特征及其过程,根据所衍生的服务与产品之间捆绑的紧密程度,提出了依托型和组合型两种类型的服务衍生方式。

简兆权等(2017)根据环境—战略—结构权变理论提出研究框架,以海尔为案例研究对象,总结出互联网环境使服务战略转变为个性化定制和全流程体验,进而组织结构演变为"平台+小微企业"型,服务业务独立为小微企业,小微企业与内外部资源通过售后服务跟踪、用户交互平台等方式协作,并拥有经营决策权、用人权和薪酬分配权。

国内学者提出和研究的"服务型制造"与国外学者提出的"服务化"所指的意思相同,均是指由提供产品向提供服务转移的思想,强调了"服务"的重要性,是制造企业未来发展的主要趋势之一。

可见,服务化是产品服务化供应链兴起和发展的理论背景,制造企业的服务转型是产品服务化供应链进一步研究的实践基础。但当前对服务化的研究主要停留在对其概念、特征、演化过程等理论探讨层面,部分研究深入到服务化运作层面的研究,而服务化运作层面的研究正是产品服务化供应链管理的研究。

因此,针对服务化理论的兴起和发展需要,产品服务化供应链管理的研究可以作为服务化理论深层次的研究问题。同时,本着理论来源于实践且更好地指导实践活动的原则,产品服务化供应链运作管理的研究成果可以为制造企业实施服务转型提供理论指导和决策支持。

2. 协调是产品服务化供应链理论新的研究领域

从 2005 年开始,国外就有文献对产品服务化供应链相关问题的研究进行了报道。最早,N. Slack(2005)对产品服务融合下的供应链管理问题进行了研究,指出产品服务融合包含长度和宽度两个固有维度。其中,长度是指供应链上哪一层成员企业为客户提供服务;宽度是指供应链同一层有多少成员企业为客户提供服务,并进一步指出制造业服务化的实施与供应链的战略跨度有关。

之后,M. Johnson 等(2008)明确提出"产品服务化供应链"(Product Servetised Supply Chain)的概念,通过文献分析指出其在战略选择、需求管理、不确定性、风险承受范围和信息的实时性要求等方面与传统的产品供应链不同,并给出了产品服务化供应链的关键流程及粗略结构。

T. Bainsd 等(2009)指出在产品服务融合情形下的供应链中,集成商更关注上游功能(产品和服务)提供商的服务能力整合,以更好地为下游客户提供完整的产品服务系统。

R W. Schmenner(2009)通过对比分析指出,制造业服务化模式下供应链中的集成商整合上游制造资源和服务能力后,加强了对下游营销渠道的控制,表现为直接面对客户。

H. Lockett 等(2011)指出当前制造业服务化的研究主要是集中在如何解决集成商与客户之间的问题,而涉及集成商与上游成员企业之间关系研究的文献较少,但集成商与上游成员企业的关系管理同样重要,并明确了上游成员企业在产品服务系统创造和传递供程中的作用以及与集成商的关系,有助于形成差异化优势。

在国内,何哲等(2008)从关注点、盈利模式、网络传递对象、组织形态、价值分配和流动内容等方面对服务型制造网络供应链与传统产品供应链进行了对比分析,并指出前者具有整合、增值、创新等特性。陈菊红等(2010)通过与传统产品供应链和服务供应链运作模型的对比分析,给出了产品服务化供应链的运作模型及关键流程。

姚树俊等(2011)针对由制造商、服务商、客户构成的产品服务化供应链系统,以价格敏感性随机需求为视角,结合服务能力过剩或不足所引起的成本费用,分别从制造商和服务商角度,建立了产品服务化供应链的收益模型和协调机制模型。并通过实例深入分析了价格敏感性需求变化对于产品服务化供应链总收益的影响,最终给出了开展产品服务化供应链协调的有效措施。

王大飞等(2017)针对一个制造商和一个服务集成商组成的产品服务供应链,考虑消费者向服务集成商购买产品服务系统时存在策略性等待行为,通过构建两个销售阶段的动态博弈模型,分析了产品服务系统价值、成本和服务价值占比等因素对消费者策略行为和均衡结果的影响,比较了分散式与集中式决策的绩效偏差,基于两阶段收益共享契约实现了供应链协调。

与传统的供应链相同,协调也是产品服务化供应链管理研究的关键和核心问题之一。产品服务化供应链的协调是对其制造资源和服务能力进行合理安排,以调整各成员企业的行为,最大程度上实现产品服务化供应链自身收益和客户价值优化的目标。同时,产品服务系统中产品和服务的融合,大大增加了产品服务化供应链系统的复杂性,使得产品服务化供应链系统中不同功能型服务提供商之间相互提供生产性服务和服务性生产活动增加了网络复杂性,以及由于服务的即时性增强了产品服务化供应链系统的动态性。

在已有产品服务化供应链相关问题研究成果的基础上,为了更好地指导制造企业服务转型及提高产品服务化供应链的运作效率,产品服务化供应链协调是亟待研究的问题。

3. 产品服务化供应链协调是供应链协调研究的新扩展

在学术界,虽然目前对供应链协调的研究文献比较多,但大多集中在产品供应链,且以价格因素为视角进行研究的。随着服务重要性的逐渐突显,一些非价格因素(如质量、时间、信息、客户偏好等)在产品供应链协调的研究中渐渐被考虑到。例如,M A. Cohen 等(1997)考虑存在第三方售后服务竞争的情形下,给出了制造企业的最优产品定价策略、售后服务质量与定价策略。G. Iyer(1998)从售后服务的视角出发,分析了两个零售商间的服务竞争对制造商制定营销合同的影响。蔺雷等(2005)运用 Hotelling 地点模型探讨了服务延伸产品差异化对增强企业竞争优势的重要性以及对社会总福利的影响。许明辉等(2006)在供应链的合作竞争中引入服务,并基于服务提供者的不同,分析了不同的提供者提供服务对供应链上各成员企业收益的影响。但上述文献仅将服务作为有形产品的附属部分提供,没有将其视为供应链长期利润获取源。

此外,自从 Lisa M. Ellram 等于 2004 年提出"服务供应链"(Service supply chain)的概念后,服务供应链成为学术界关注的一个新问题,文献报道也逐年增多。一些学者对服务供应链协调问题进行了研究,但这些研究主要集中在物流、电信和信息等纯服务行业。例如,崔爱平等(2009)指出作为"能力链"的物流服务供应链与产品供应链不同,其协调只能通过物流服务能力的调整来实现,并提出基于期权契约的协调机制来研究物流服务集成商与分包商物流服务能力的订购与投资决策问题。Y. B. Lu 等(2010)对电信服务供应链协调问题进行了研究,指出其与产品供应链协调的不同,前者没有有形产品的库存以及销售收入直接归电信网络运营商所有,并建立了基于收益共享契约的协调模型。

可见,传统产品供应链协调研究的对象主要集中在有形产品的库存上,且主要以价格为竞争手段,仅考虑服务因素的研究文献也只是将其视为有形产品的附属部分。而服务具有与有形产品本质区别的固有属性(无形性、异质性、易逝性、不可分割性等),因此,产品服务化供应链更注重对能力的协调。但该能力协调不同于传统服务供应链的服务能力协调,前者所指的能力包括制造资源和服务能力,后者所指的能力仅包括服务能力。此时,传统的供应链协调策略(如回购契约等)已经不能直接用于指导产品服务化供应链的实践活动,那么如何设计出有效的供应链协调策略是需要深入研究的问题。

1.1.3 研究意义

制造企业的服务转型需要产品服务化供应链的有效运作来支撑,而产品服务化供应链作为一个新生事物,其基础理论框架是产品服务化供应链深层次问题研究的基础。进一步,产品服务化供应链的协调问题研究是产品服务化供应链管理研究的核心和关键问题之一,同时也是制造企业实施服务转型最直接和最重要的影响因素。

研究是顺应服务化理论深入研究和制造企业服务转型的需求,是对服务化理论研究的深入,逐渐深入到服务化运作层面问题的研究。其研究成果是对产品服务化供应链理论的补充和完善。当前国内外学者对产品服务化供应链的研究主要停留在概念、特征等基础问题探索层面。对产品服务化供应链基础理论的系统分析为其研究提供了一个系统性基础框架,也为产品服务化供应链深层次问题的研究奠定了理论基础。

研究成果将弥补传统产品供应链协调理论对服务要素考虑的不足,其一方面为制造业服务化模式的制造企业产品服务化决策管理提供理论依据,另一方面也将检验和修正现有的供应链协调策略,拓宽供应链管理的研究范畴,对于丰富与完善供应链协调理论具有重要意义。

此外,研究成果为制造业服务化模式下供应链协调策略的制定提供了理论依据和方法支持。对于提升制造企业服务化模式下的供应链管理水平和运营绩效,促进制造企业走新型工业化道路,实现我国产业结构调整和升级战略具有重要的现实意义。

1.2 国内外研究现状分析

围绕与相关研究的研究问题,国内外不少学者开展了大量的研究工作,并取得了一定的研究成果。这些研究成果主要包括服务化、产品服务化供应链、供应链协调、供应链收益分配等问题的研究。

1.2.1 服务化的研究现状

1. 服务化的研究现状

目前关于服务化的研究主要集中在概念、转变过程和战略选择等方面。与服务化的概念相关的研究主要有：

1972年，T. Levitt提出了企业交易已从分散的产品营销转移到提供产品和服务的整合。

之后，S. Vandermerwe和J. Rada(1988)将服务化定义为制造企业由仅提供有形产品或产品与简单附加服务向"产品服务包"转变，不再仅提供有形产品，而是以客户为中心，提供更加完整的产品服务包，包括产品、服务、支持、自我服务和知识，并且服务在整个包中处于主导地位，是价值增加值的主要来源。

A L. White等(1999)研究焦点主要集中在服务化与环境间的关系上，他们认为服务化就是制造企业的角色由产品提供者向服务提供者转变的动态过程。

类似地，E D. Reiskin等(1999)把服务化定义为制造企业从"以产品生产为中心"向"以提供服务为中心"的转变。

此外，B. Fishbein等(2000)认为服务化就是"卖产品的功能或服务，而不是卖产品本身""卖服务而不是卖产品"。

M W. Toffel(2005)则认为服务化是一种与传统营销模式相对应的业务模式，制造企业向客户出售的是产品的功能，而不是产品本身。

与服务化转变过程相关的研究主要有 S. Vandermerwe 和 J. Rada(1988)提出了制造业服务化三阶段转变过程理论：第一阶段，制造企业仅仅提供产品，但是它并不能完全满足客户的需求，还需要提供一些相关服务；第二阶段，制造企业提供产品和附加服务，如安装、调试、维护、维修等；第三阶段，制造企业提供"产品服务包"，服务占据主导地位，由产品和服务构成的产品服务系统有助于满足客户的需要。

之后，A L. White等提出了制造业服务化的四阶段转变过程理论——"基于产品的服务(Product-based services)"，把既有的有形产品作为平台，向客户提供相关的服务，即"产品→产品和附加服务→产品服务包→基于产品的服务或功能"。可见，前三个阶段与 S. Vandermerwe 和 J. Rada 的三阶段转变过程理论基本相同，只是在第四个阶段上，A L. White 等认为制造企业向客户提供完全的服务契约是服务化演化的最高级阶段。

另外，B. Fishbein 等（2000）提出来的"产品—服务连续谱"（Product service continuum）在一定程度上也揭示出制造业服务化的转变历程，"产品—服务连续谱"中的交易模式包括出售产品、出售产品及附加服务、出售产品的使用功能（客户使用设备、维修产品、培训人员时需向制造企业付费）、出售服务（客户仅向制造企业提供的服务付费），这些交易模式反映出制造企业由只出售产品向出售产品所提供的功能或服务转变过程所经历的阶段。

J. Marceau 等（2002）认为产品与服务间的关联形式经历了三个阶段的转变："常规阶段"、"网络化和外购阶段"和"产品服务包阶段"，其中最后一个阶段是制造业服务化的发展趋势。

国内学者戴志强（2007）依据制造企业服务转型的程度将制造企业服务化转型过程分为三种形态：初级形态，在有形产品上增加更多的服务含量，通过延伸价值链使得产品的内涵更加丰富；中级形态，为制造企业提供服务，使服务成为整个业务的主体；高级形态，制造企业业务完全外包，成为集成服务提供商。

与制造企业服务化战略选择相关的研究主要有：服务逐渐成为制造企业创造差异化竞争优势的主要来源。例如，H. Gebauer 等（2008）认为制造企业实施服务化的战略包括售后服务提供商、客户支持提供商和互动发展伙伴等三种形式。

诸雪峰等（2011）针对西方制造企业的特征，将其服务化战略分为支持产品的服务（售前、售中、售后服务，整体产品概念）和整合服务战略，在此基础上探讨了对我国制造企业服务化战略实施的启示。

刘继国等（2009）按照"投入"和"产出"两层次将制造业服务化可以分为"投入服务化"和"产出服务化"。其中，产出服务化战略包括服务数量、服务广度、对服务的重视程度等三个维度（刘继国，2007）。在 Homburg 等（2002）的研究基础上，刘继国（2008）从服务要素的数量、成本，以及对服务要素的重视程度等三个维度对制造企业投入服务化战略进行了分析，它们同时影响制造企业的创新能力和生产效率。在此基础上，刘继国等（2008）进一步探讨了产出服务化战略的影响因素，分析得出主要包括环境因素、环境管制、行业竞争、行业创新、组织因素、高层管理者态度、员工构成特点、产品成本、客户因素和价格意识等，并得出产出服务化战略影响制造企业的差异化优势和财务绩效。

简兆权等（2011）基于微笑曲线的观点，以价值链为研究对象，着眼于服务化过程中企业价值链延伸的过程，结合国内外若干制造业企业实现服务化过程的例子，对制造业服务化可供选择的路径进行探讨，指出具有不同能力和特点的制造业企业实现服务化可以依循的四条路径,归纳了各路径的特点、适用对象以及路径的演进规律。

赵勇等(2012)以陕西鼓风机集团作为研究对象,对中国装备制造业如何实施服务化战略进行了研究,特别关注服务化的驱动力、服务化过程以及服务化保障,初步构建了中国装备制造业服务化理论的基本分析框架:

(1)中国装备制造业企业服务化的驱动力主要包括市场环境、高层管理者、顾客需求与参与。

(2)装备制造业服务化过程中,呈现出较强的探索性特征,遵循着理念、战略、内容、流程的基本顺序,以及目标定位、分析论证、内容设计和执行实施4个阶段。

(3)服务化的保障主要包括公司战略、组织结构与技术研发等。

肖挺等(2015)利用1995—2010年的投入产出表数据,实证研究了二、三产业融合与服务业就业人口比重以及分行业就业人数变化等变量的关系,研究结果表明,在控制了市场竞争度以及城市化水平等因素后,制造业服务化水平与服务业从业人口比重显著的正相关,但对不同行业就业人口数变化的影响是不均衡的,在此基础上,就制造业服务化提出了相关政策建议。

2. 服务型制造的研究现状

国外对服务型制造的研究最早可追溯到由Becker(1962)提出"由提供产品向提供服务转移"的思想。在国内,孙林岩等于2007年正式提出了"服务型制造"的概念,指出服务型制造是制造与服务相融合的新的产业形态,是新的先进制造模式,使传统制造产品向产品服务系统转变。它是基于制造的服务,是为服务的制造。

目前,对服务型制造相关问题的研究主要集中在其概念、特征、组织形式等方面。

何哲等(2008)指出服务型制造是通过产品和服务的融合、客户参与、企业相互提供生产性服务和服务性生产,实现分散化制造资源的整合和各自核心竞争力高度协同,具有整合、增值、创新等特性。

林文进等(2009)从服务与制造的融合的视角出发,对产品内涵和制造组织的变化进行了分析,得出制造与服务过程中的客户参与和体验以及成员企业的网络化协作提供产品服务系统是服务型制造的主要特征,并进一步指出了现阶段服务型制造研究的主要问题有:产品服务系统设计、服务型制造的价值形成机理、服务型制造网络组织。

李刚等(2010)在完善构建先进制造系统和现代运作管理系统的基础上,指出服务型制造的研究内容具体包括:需求管理、能力管理、企业网络和风险管理等。

何哲等(2010)分析指出服务型制造的演化经历服务经济、面向服务的制造、生产性服务、服务型制造等四个主要阶段,从本质上讲,其是面向服务的制造与基于制造的服务的整合,并进一步指出其研究体系和层次主要包括定义和概念的讨论、产生的理论解释、实证研究以及具体应用和开展。

何哲等(2011)针对山寨机现象,分析了政府管制对促进服务型制造发展能够产生的积极影响,提出了政府在服务型制造发展中的定位和努力方向。

杨慧等(2014)通过从产出和过程两个角度进行分析,提出这种制造模式能够打破波特理论中两种优势类型不可兼得的常态,建立了服务型制造双重竞争优势模型;借助江苏省200家制造企业数据和结构方程模型分析工具对该理论模型进行验证,实证结果表明:服务型制造模式的主要构成要素对企业绩效和顾客绩效分别具有正向的促进作用,此模式能够通过创造差异化优势获取溢价效应,同时这种溢价效应并非以高成本运营为代价,反而出现多类运营成本的降低。

罗建强(2015)从与制造业务相关的视角界定了服务衍生的概念,给出了服务衍生的特征及其过程,根据所衍生的服务与产品之间捆绑的紧密程度,提出了依托型和组合型两种类型的服务衍生方式。借助种群相互作用的辨识模型,理论上剖析了两种类型服务衍生方式的存在性;以陕鼓面向服务型制造的转型过程为研究对象,实践上讨论了两种类型服务衍生方式的存在性。

3. 产品服务系统的研究现状

产品服务化供应链为客户不再只提供有形产品或产品与简单附加服务,而是为客户提供产品服务系统。目前关于产品服务系统的研究主要集中在其概念和分类等方面。

与产品服务系统的概念相关的研究主要有:M J. Goedkoop 等(1999)首次明确提出"产品服务系统"的概念,他认为产品服务系统能把产品和服务联系起来共同满足客户的需求,进一步指出在产品服务系统中,产品/服务的比例视功能的满足或功能的经济价值不同而变化。

接着,E. Manzini 等(2001)经过分析指出,从产品服务系统的本质上讲,其是从提供有形产品到提供产品与服务的整合,客户不再重视产品的所有权,而重点关注在产品使用中获得的效用。

与产品服务系统分类研究相关的文献主要有：国内外学者从不同的角度出发将产品服务系统划分为不同的类型。例如，R. Robin(2000)按"目的不同"将产品服务系统分为结果导向、分享功效导向、以产品生命延伸为导向、以减少需求为导向等四种类型。

A. Tukker(2004)依据"产品和服务在产品服务系统中的所占的比重大小"，将产品服务系统分为产品导向、使用导向、结果导向三种类型，并且指出服务在该三类产品服务系统中所占比重逐渐增加。

孙林岩等(2008)根据"竞争优势对产品或服务依赖程度的不同以及交易过程中产权是否发生转移"，将产品服务系统可以分为面向产品的产品服务系统、面向方案的产品服务系统、面向应用的产品服务系统、面向效用的产品服务系统等四种类型。

此外，产品服务系统的设计是产品服务系统有效实施的重要前提。McAloone等(2004)经过研究认为产品服务系统设计研究的目的是将服务业务整合入产品开发模型中，以此来帮助设计者理解、接受和开发以集成化设计产品和产品生命周期为特征的工业解决方案。

陈菊红等(2011)对服务型制造模式下产品服务系统的设计特点及过程进行了研究。服务型制造给产品服务系统的设计带来了深刻变化，基于相关研究提出产品服务系统设计的新特点，并从设计目标、概念设计和详细设计阶段的内容、组织形式和知识依赖等方面辨析其与传统产品设计的不同，最后从价值的角度出发，提出产品服务系统设计的3D循环过程模型。

赵馨智等(2014)通过工业产品服务系统的特性分析，分析了工业产品服务系统的技术哲理，提出工业产品服务系统是基于能力观的观点，比较了与传统制造模式的资源观的异同。基于能力观的视角，提出了基于能力需求/供给匹配的集成创新策略框架，阐述了创新策略的"需求供给匹配，两条路径循环"的基本机制。

刘宇熹等(2015)融合再制造与产品服务提出闭环产品服务系统，并从交易费用角度对闭环产品服务系统的形成机理与内涵、运营要素进行深入分析。

寿涌毅等(2016)选取杭州杭氧股份有限公司作为中国制造业服务化的范式案例进行研究，以价值链活动为分析单元，对比分析杭氧不同产品服务系统所对应的不同价值链。研究发现：制造企业的服务化战略应结合实际情况选择不同模式，形成合理的产品服务系统组合。制造企业应针对各自的服务化战略设计相应的价值链，当采用的产品服务系统组合存在多种模式时，可共享部分价值链环节以提高资源利用率。

1.2.2 产品服务化供应链的研究现状

产品服务化供应链是供应链管理理论的最新表现形式,属于供应链管理的研究前沿。

传统产品供应链是在价值链理论基础上发展而来的,其是围绕核心企业(制造企业),通过对信息流、物流、资金流的控制,从原材料采购开始,制成中间产品以及最终产成品,最后由营销网络把产品送到最终消费者手中的,将供应商、制造商、分销商、零售商直到最终消费者连成一个整体的功能网络结构模式(马士华等,2006)。

服务供应链的研究近几年才兴起,尚未有一个统一的定义,比较有代表性的定义认为服务供应链是产品服务化过程中发生的一系列先后服务活动,其本质上是基于"产品服务化角度"来定义服务供应链的。例如,Dirk等(2004)认为服务供应链是在产品服务化过程中所涉及的服务计划制订、资源分配、配送和回收、分解、修理恢复等管理活动,并提出了五步法来指导服务供应链的实践活动。

对产品服务化供应链相关问题的研究最近几年才刚刚开始。国外学者N. Slack(2005)对产品服务融合下的供应链管理问题展开了研究,指出产品服务融合包含长度和宽度两个固有维度。其中,长度是指供应链上哪一层成员企业为客户提供服务;宽度是指供应链同一层有多少成员企业为客户提供服务,并指出制造业服务化模式的实施与供应链的战略跨度有关。

之后,M. Johnson等(2008)明确提出"产品服务化供应链"的概念,通过文献分析和案例研究指出其面临的挑战和机遇,以及在战略选择、需求管理、不确定性、风险承受范围和信息的实时性要求等方面与传统的产品供应链进行了对比分析,并给出了产品服务化供应链的关键流程及粗略结构。

接着,T. Bainsd等(2009)指出产品服务融合下供应链中的集成商,更关注上游成员企业制造资源和服务能力整合以更好地为下游客户提供完整的产品服务系统。R W. Schmenner(2009)通过对比分析指出制造业服务化下供应链中的集成商整合上游制造资源和服务能力后加强了对下游营销渠道的控制,表现为直接面对客户。

最近,H. Lockett(2011)指出现有的制造业服务化模式下供应链的研究主要集中在如何解决集成服务提供商与下游客户之间关系的问题,而针对集成服务提供商与上游成员企业之间关系研究则不够,实际上,集成服务提供商与上游成员企业间的关系管理也很重要,因为上游成员企业在产品服务系统创造和传递过程中扮演着重要的角色,其与集成服务提供商的合作关系将提高整个供应链的差异化竞争优势。

在国内,何哲等(2008)指出传统产品供应链向服务领域的拓展和具有一些服务行为并不能够完全描述产品与服务融合的思想,进一步从关注点、盈利模式、网络传递对象、组织形态、价值分配和流动内容等方面对传统供应链与服务型制造网络供应链进行了对比分析。陈菊红等(2010)通过与传统产品供应链和服务供应链运作模型的对比分析,给出了产品服务化供应链的运作模型及关键流程。

但斌等(2016)基于对提供产品服务系统的制造过程和服务过程的不同阶段及特点的刻画,建立了产品制造与服务过程集成的框架模型,提出了基于售后集成、销售集成、生产集成和设计集成的产品服务供应链4种典型模式,分析了各模式中供应链成员的职能及其交互关系,指出了每种模式的价值实现方式及实施关键点。

可见,国内外学者对产品服务化供应链的研究处于探索阶段,对其大多停留在概念、特征、结构、关键流程和运作模型等方面,并没有对产品服务化供应链形成系统性的认识,缺乏对其基础理论的系统性描述,以及为了更有效地为制造企业服务转型提供理论支撑和实践活动指导,产品服务化供应链的运作管理,尤其是产品服务化供应链的协调问题研究是在产品服务化供应链基础理论知识系统性分析后亟待研究的问题。

1.2.3 供应链协调的研究现状

供应链协调是供应链管理研究的关键和核心问题之一。从本质上讲,供应链协调就是实现不同决策函数(如制造商—分销商等)的协调(R. Bhatnagar 等,1993)。目前关于供应链协调的研究主要分为产品供应链协调和服务供应链协调两大方面,且产品供应链协调是研究的重点。

其中,在产品供应链协调研究方面,国内外学者研究的问题比较一致,主要为不同环节在不同情形下的协调机制设计。

Arshinder 等(2008)通过文献综述的方法归纳得出产品供应链协调的层面主要包括采购—生产、生产—库存、库存—分销、生产—分销等层面的协调,而常用的策略包括供应链契约、信息技术、信息共享和联合决策等。其中,供应链契约是最常用和最主要的协调策略。常用的供应链契约主要有批发价格契约、回购契约、惩罚与回馈契约、收益共享契约、数量柔性契约等。

最早,G P. Cachon 等(2002)对不同类型的供应链契约进行了全面的探讨,得出收益共享契约与回购契约在本质上是一致的。

陈菊红等(2008)在综合考虑市场零售价格为决策变量,且产品残值与其生产成本相关的情况下,构建了基于收益共享契约的协调模型。而后,陈菊红等(2010)综合考虑单位产品生产成本递增和销售成本递增,市场需求函数为相乘型需求形式,以由单个供应商和单个零售商构成的供应链为研究对象,构建了基于收益共享契约的协调模型。

上述文献均是以价格因素为视角进行研究的,然而随着服务重要性的逐渐突显,一些非价格因素(质量、时间、信息、客户偏好等)在供应链协调的研究中渐渐被考虑到。例如,A. Thatcher等(2004)建立了价格—质量的双寡头竞争模型,探讨了技术投入对产品质量、价格、组织效率、收益与客户价值的影响问题。

S. Kraiselburd等(2004)针对同一零售商同时销售两个供应商的产品,且产品间具有替代性,而且供应商的促销努力水平直接影响其产品的市场需求下的供应链协调问题进行了研究,分析了供应商促销努力水平、产品替代性对供应链最优决策的影响。

刘蕾等(2005)对订货提前期变化情形下的服务水平决策问题进行了研究,针对面临缺货时的客户选择行为进行分析,引入客户容忍值,并度量与客户等待时间相关的损失,分析了不同的订货提前期对服务水平决策的影响。

刁新军等(2008)考虑消费者需求偏好的不确定性对销售商定位定价竞争决策的影响,在具有Stackelberg博弈均衡的Hotelling模型中,引入消费者偏好不确定性,研究其对销售商竞争策略的影响。

申成霖等(2010)在一定服务水平约束下,考虑客户的策略性退货行为,分别构建了基于一般回购、歧视定价的回购、销售回扣等契约的协调模型,并得出只有歧视定价回购契约可以实现协调,进一步给出了商品的最优销售价格、最优订货量和最优退货价格。

上述研究文献从基于有形产品价格的视角渐渐转移到基于质量、时间、客户偏好等非价格因素的视角,服务因素渐渐被考虑到。但是仅把服务作为一项附属业务,没有作为服务提供商重要的利润来源。

为此,沈铁松等(2009)将服务视为制造企业长期收益的来源,并将"产品延伸服务"作为制造企业收益的增长极进行研究,对存在产品销售以及产品延伸服务的二阶段寡头竞争市场进行了博弈分析。接着,沈铁松等(2010)研究了信息不对称下厂商承诺行为对产品延伸服务市场结构与厂商博弈均衡的影响。但是沈铁松等在进行定价时,将产品和服务定价分成两个阶段,而产品服务化供应链中集成服务提供商和客户间产品服务系统价格的制定更强调一次性。

而服务供应链协调的研究主要集中在物流服务供应链。例如,刘伟华等(2008)以由单个功能型服务提供商和单个物流服务集成商构成的两阶供应链为研究对象,在需求不确定环境下的单个周期内,分为有/无能力匹配约束两种情形,分别构建了集成商的成本模型和提供商的收益模型,并建立了主从对策博弈下的能力协调模型。

崔爱平等(2009)指出作为"能力链"的物流服务供应链与产品供应链不同,其协调只能通过物流服务能力的调整来实现,并提出基于期权契约的协调机制来研究物流服务集成商与分包商物流服务能力的订购与投资决策问题。Y. B. Lu 等(2010)对电信服务供应链协调问题进行了研究,指出其与产品供应链协调的不同,前者没有有形产品的库存以及销售收入直接归电信网络运营商所有,并建立了基于收益共享契约的协调模型。付秋芳等(2012)构建了以服务集成商作为服务供应链整体计划、控制和协调中心的上层计划者、各服务供应商作为具有相对自主权的下层计划者的服务供应链协同决策机制,应用多目标二层规划方法建立了服务供应链服务能力分配的优化模型,同时给出了模型的具体算法框图和流程。王志宏等(2015)构建单一商业信用下 ISP 和客户企业的决策模型,分析表明商业信用能够提高客户企业和系统的存货决策量,通过调整合同参数可以改善两者的利润,但是单一的商业信用不能实现物流服务供应链的完美协调。在此基础上,构建和分析了商业信用下 ISP 与客户企业的数量折扣模型,结果表明数量折扣率在一定范围内取值,商业信用和数量折扣组合合同可以激励客户企业进一步提高存货量,实现供应链系统的协调。段华薇等(2016)为了分析承担社会责任对物流服务供应链定价决策的影响,考虑企业社会责任,分别构建集中和分散决策下的定价博弈模型,求得供应链最优定价策略和双方所承担的企业社会责任成本。对比发现,分散决策下供应链存在效率损失,进而基于收益共享契约对其进行协调。研究表明,考虑企业社会责任和集中决策时,物流服务供应链总利润更大,且双方利润都与其社会责任效用因子正相关,收益共享契约能有效地对物流服务供应链进行协调。

可以看出,在供应链协调方面,产品供应链的研究比较成熟,主要是围绕有形产品的价格和数量决策进行。也有研究文献考虑服务因素,但仅将其作为有形产品的附属部分。而服务供应链的协调研究主要集中在物流、电信等服务行业。

1.2.4 供应链收益分配的研究现状

收益分配对供应链有两方面的影响:一是自身收益最大化是供应链上

各成员企业参与的动机;二是收益分配的合理性又关系到供应链运作的稳定性和长期性。

产品定价法(K. Morasch,2000;杜义飞等,2004;胡义东等,2006)、Stackelberg博弈分析法(Giannoccaro等,2004;G P. Cachon,2005;Gerchak等,2005;潘会平,2005)和Shapley值法(戴建华等,2004;郝海等,2005;马士华等,2006;龚晓薇等,2009;张捍东等,2009)等方法是供应链收益分配常用的三种方法。

其中,目前关于供应链上成员企业间收益分配问题的研究,大多数是从产品定价研究演变过来的,如K. Morasch等(2000)从委托—代理理论和合作竞争理论的角度出发,对生产型合作企业(如供应商—制造商等)中的传递价格和收益共享问题进行了研究,并给出了在不同结构下的收益分配策略。

杜义飞等(2004)对供应链中间产品的价格策略制定问题进行了研究,分别讨论了供应链上不同成员企业拥有中间产品价格、产量决定权的如何影响供应链的收益分配,通过分析得出拥有价格决定权的一方将会获得更高的收益,进一步得出供应链上各成员企业具有独立的定价权力时,供应链整体的收益将无法达到最优。

基于契约的供应链协调主要研究供应链的收益分配问题,如B. Pasternack(2005)在单周期内,以两阶供应链为研究对象,其面对的市场需求随机变化的情形下,研究得出合适的收益共享契约能够实现供应链的协调。

I. Giannoccaro等(2004)将研究对象由两阶供应链扩展到三阶供应链,首先分别构建制造商和分销商间、分销商和零售商间的收益共享契约协调模型,其次由制造商和分销商向各自下游企业提供收益共享契约,最后构建基于收益共享契约的供应链协调模型,使整个供应链达到收益最优目标。

潘会平等(2005)运用Stackelberg主从对策博弈分析了不同收益分配比例对制造商和销售商双方收益产生的影响,根据不同取值的收益共享参数找到双方可以接受的范围,得出制造商和销售商间的具体收益分配方案。

与Shapley值法相关的研究主要有:郝海等(2005)运用Shapley值法对供应链的收益共享和风险分担机制进行了研究,给出了收益共享与风险分担的计算公式。

基于Shapley值法的收益分配策略仅考虑成员企业的贡献率这单一因素,显然具有局限性。为此,马士华、戴建华等学者对Shapley值法进行了改进,分别引入技术创新激励指数和风险因子来修正基于Shapley值法的分配额。其中,马士华等(2006)在传统 Shapley 值法收益分配策略仅考虑贡献率的基础上,考虑到激励企业技术创新对提高供应链竞争力的重要性,引入技术创新激励指数,实现了对传统 Shapley 值法的改进,进一步对各成员企业的收益分配进行调整。戴建华等(2004)分析了基于 Shapley 值法收益分配策略的不足,引入了风险因子以实现对传统 Shapley 值法的修正。吕萍等(2012)以合作联盟模型为基础,建立了总承包工程建设供应链利益分配模型,并以 Shapley 值法作为合作利益的分配方法。考虑到总承包商和分包商承担风险的不同及创新对供应链发展的重要性,对原分配结果进行改进,最后以算例具体说明文中理论的运用,结果表明,改进后的 Shapley 值法更加公平合理。沙金等(2016)考虑需求放大、订货及库存成本变动等因素,构建三级供应链在分散式、上游段、下游段及集成式 VMI 四种情况下的收益模型,通过仿真定量说明 VMI 对于上、下游企业收益及风险的不同影响,并得出结论:下游段 VMI 实施后,集成式 VMI 将成为激励相容,而上游段 VMI 的实施将阻碍集成式 VMI 的实现,证实了 VMI 的实施顺序对供应链管理的重要影响。后采用 Shapley 值法分析各企业特征函数,确定 Shapley 值计算公式,进行收益分配,解决了收益与风险不对等所导致的 VMI 合作不稳定问题,促进集成式 VMI 的形成与长期稳定。

当考虑多个影响因素则需要对各影响因素的重要程度进行区别,相关的研究主要有:王岳峰等(2005)在 Shapley 值法仅考虑贡献率的基础上,引入了承担风险、投资额等因素,并分析了其对收益分配的影响,并运用 AHP 确定三种因素的权重,以实现对 Shapley 值法的提出。虽然较好地解决了上述因素对收益分配的影响,但鉴于 AHP 本身的局限性,它无法考虑贡献率、风险及投资三者之间的横向联系。

1.2.5 国内外研究现状存在的问题与启示

国内外学者对上述相关问题展开了研究,并取得了一定的研究成果,但也存在一些不足之处。具体如下:

(1)缺乏对产品服务化供应链基础理论系统性的研究。目前,只有少数的国外学者对产品服务化供应链的概念、特征等进行了研究。相应地,国内学者对产品服务化供应链的研究也处于起步阶段。整体来看,国内外对产品服务化供应链的研究处于萌芽阶段,缺乏对其基础理论系统性的研究,而这正是产品服务化供应链深层次问题研究的理论基础。

(2)尚未有研究文献涉及产品服务系统营销相关问题的研究。在产品服务化供应链的下游营销环节中,集成服务提供商直接面对客户,并为其提供产品服务系统。但目前国内外学者对产品服务系统的研究主要针对其概念和分类等问题,该研究成果无法直接用于指导集成服务提供商如何向客户销售产品服务系统。此外,产品服务化供应链的营销管理也不同于传统产品供应链和服务供应链。产品服务系统销售相关问题的研究是产品服务化供应链运作管理下一步的重点研究问题之一。

(3)协调是供应链管理研究的核心和热点问题之一,现有的文献大多针对产品供应链,而产品供应链协调的研究又大多以有形产品价格视角展开的,较少的研究考虑到服务,或仅将其作为附属业务,没有将服务作为供应商长期利润的增长点。而服务供应链协调的研究主要是针对物流服务和电信行业等服务行业。产品服务化供应链为客户提供产品服务系统,在产品服务化供应链协调机制设计时需更多考虑服务因素,但也不同于服务行业供应链协调的研究。此外,产品服务化供应链在能力供应和能力需求两端均面临不确定性。现有供应链协调的研究有待于进一步拓宽其研究领域。

(4)基于Shapley值法的收益分配策略能够解决供应链上成员企业间的收益分配问题,但是现有研究中存在两方面不足:一是考虑因素单一(贡献率);二是引入其他因素时,但影响因素权重的确定大多采用AHP。其中,前者明显具有片面性,以及基于AHP的模型中各影响因素间是按照层级结构排列的,并假设同层影响因素间是相互独立的,不存在反馈关系。这在的复杂问题决策中,这一假设有不合理性,因而会影响收益分配结果的合理性。

通过对服务化、服务型制造、产品服务系统、产品服务化供应链、供应链协调和供应链收益分配等相关问题的国内外研究现状进行梳理,在归纳现有研究成果和不足之处的基础上,给本书的研究带来了很多启示。

首先,对产品服务化供应链的基础理论进行系统和深入的分析,形成一个完整的产品服务化供应链的基础理论框架,为其深层次问题的研究奠定理论基础。

其次,设计有效的营销协调以刺激客户的需求。产品服务化供应链为客户提供的内容与传统的供应链明显不同,传统的供应链向客户提供单一的产品或服务,而产品服务化供应链向客户提供产品服务系统,其包含不同的价值模块。不同的部分具有不同的属性,因而,需首先解决产品服务系统中包括哪些不同的价值模块。进一步,集成服务提供商向客户推销不同的价值模块时需要有针对性,即要明确不同价值模块间的关联关系,从而为集成服务提供商的选择行为提供指导。此外,集成服务提供商需制定合理的定价策略,以促进客户对不同价值模块的需求订购。

接着,为了满足客户对产品服务系统的需求,产品服务化供应链上各成员企业需相互合作,该合作本质上是各成员企业间的能力合作。因此,此时产品服务化供应链上各成员企业间的协调本质上是能力的协调。综合产品服务化供应链供应和需求均不确定的特性,设计出有效的能力协调机制,以追求产品服务化供应链自身收益和客户价值的最优。

最后,引入产品服务化供应链收益分配协调的其他影响因素,以实现对Shapley值法的改进。进一步,在确定各影响因素权重时,充分考虑其相互之间的影响关系,在此基础上,设计出更加合理和科学的产品服务化供应链收益分配协调机制。

1.3 研究目的、内容及拟解决的关键问题

1.3.1 研究目的

如前所述,无论是在国内还是在国外,产品服务化供应链协调机制设计均是一个学术前沿问题,也是目前企业界迫切需要解决的问题。

考虑到已有文献对产品服务化供应链问题研究存在的一些不足,本书将在借鉴前人研究成果的基础上,运用相关的理论对产品服务化供应链的基础理论进行系统性分析,形成一个完整的产品服务化供应链基础理论框架。

设计有效的产品服务化供应链营销协调机制。帮助集成服务提供商识别出客户潜在的需求,制定有效的营销策略,加快客户对产品服务系统的理解和接受。

设计有效的产品服务化供应链能力协调机制。综合考虑供应和需求的不确定性,在满足客户价值最优下,设计有效的能力协调机制,以实现产品服务化供应链整体收益最优。

引入产品服务化供应链收益分配协调的其他影响因素,以实现对Shapley值法的改进,并在确定影响因素的权重时综合考虑其相互之间存在影响关系,据此设计出更加合理和科学的收益分配机制,以提高产品服务化供应链运作的稳定性和长期性。具体如下:

(1)对产品服务化供应链的基础理论进行系统性分析,形成一个完整的产品服务化供应链理论框架。

(2)设计有效的产品服务化供应链营销协调机制,为集成服务提供商制

定销售策略提供决策依据。

（3）综合考虑供应和需求不确定性，设计有效的产品服务化供应链能力协调机制。

（4）引入产品服务化供应链收益分配协调的其他影响因素，以实现对 Shapley 值法的改进，并在考虑影响因素间存在相互影响关系的情形下确定出其权重，据此设计更加合理的收益分配协调机制。

1.3.2 研究内容

在对国内外研究文献综合分析的基础上，从由供应商、分包商、集成服务提供商和客户构成的产品服务化供应链系统入手，运用文献梳理、理论分析、实地调研、数学建模和仿真分析等方法对其协调机制设计进行研究。

首先，对产品服务化供应链基础理论进行系统分析。围绕产品服务化供应链基础理论分析这一主题，分析并界定产品服务化供应链的定义，提出产品服务化供应链的结构模型，明确产品服务化供应链的特征，辨析产品服务化供应链与传统产品供应链和服务供应链的不同，给出产品服务化供应链的运作模型，并确定产品服务化供应链协调中的关键问题等。

其次，设计有效的产品服务化供应链营销协调机制。明确产品服务化供应链客户需求的特征。确定产品服务系统包括哪些具体的价值模块，以充分了解不同价值模块的属性，并识别出不同价值模块间的关联关系，以为集成服务提供商的选择行为提供指导。进一步，给出合理的定价策略，以促进客户对不同价值模块的订购，为集成服务提供商的营销活动提供决策支持。

接着，设计有效的产品服务化供应链能力协调机制。当集成服务提供商与客户签订交易协议后，如何满足客户对不同价值模块的需求是本书接下来的研究内容。综合产品服务化供应链供应和需求的不确定，在满足客户价值最优的前提下，设计合理的能力协调机制，以实现产品服务化供应链整体收益最大化。

再次，设计有效的产品服务化供应链收益分配协调机制。运用基于 Shapley 值法的收益分配策略，但在其仅考虑各成员企业贡献率的基础上，引入产品服务化供应链收益分配协调的其他影响因素，以实现对 Shapley 值法的改进。在确定影响因素权重时，综合考虑影响因素间存在相互影响关系。在上述基础上，设计更加合理的产品服务化供应链收益分配协调机制。

最后,给出本书的研究结论和展望。

研究内容具体安排如下:

第1章,绪论。从现实背景和理论背景对选题背景进行分析,为研究指明方向。接着,围绕选题背景,对服务化、产品服务化供应链、供应链协调、供应链收益分配等相关问题的国内外研究现状进行分析,在此基础上,明确本书的研究目的。围绕研究目的,进一步细化本书的研究内容,并指出研究需解决的关键问题。

第2章,文献回顾与理论综述。围绕相关的研究问题,主要对交叉销售、关联规则分析、服务能力、供应链契约协调、网络分析法、基于Shapley值法的供应链收益分配研究等理论与方法进行文献综述,为后续研究奠定理论基础。

第3章,案例分析。对国内外服务型制造典型企业的实施驱动要素、实施模式及实施效果进行梳理分析。

第4章,产品服务化供应链基础理论分析。界定产品服务化供应链的定义,提出产品服务化供应链的结构模型,明确产品服务化供应链的特征,辨析产品服务化供应链与传统产品供应链和服务供应链的不同,给出产品服务化供应链的运作模型,并确定产品服务化供应链协调中的关键问题。

第5章,产品服务化供应链营销协调机制设计。分析产品服务化供应链客户需求的特征,明确产品服务系统中包含哪些价值模块,并识别出不同价值模块间的关联关系,据此制定相应的营销策略,为集成服务提供商的营销活动提供决策支持。

第6章,产品服务化供应链的能力协调机制设计。综合考虑产品服务化供应链供应和需求的不确定性。首先,对分散状态下产品服务化供应链的决策行为进行分析;其次,针对供应不确定,设计相应的协调机制,以降低能力供应的不确定性,并提高成员企业的收益。接着,针对需求不确定,设计相应的协调机制,以降低需求不确定带来的影响,并提高成员企业的收益。最后,在上述基础上,设计同时考虑供应和需求不确定的协调机制,以期降低能力供应的不确定性,以及减弱需求不确定带来的影响,进而提高产品服务化供应链的整体收益,并保证产品服务化供应链上各成员企业的收益均得到提高。

第7章,产品服务化供应链收益分配协调机制设计。在Shapley值法仅考虑各成员贡献率单一因素的基础上,引入产品服务化供应链收益分配协调的其他影响因素,以实现对Shapley值法的改进。而在确定各影响因素权重时,考虑到影响因素间存在相互影响关系,在此基础上设计有效的产品服务化供应链收益分配协调机制。

第8章,研究结论和展望。归纳主要研究结论和贡献,并阐述研究存在的不足之处及进一步的研究方向。

1.3.3 拟解决的关键问题

研究产品服务化供应链这一新事物的协调问题,是过去尚未进行研究的一个新领域,因而也就存在着许多新的难点,主要问题有:

产品服务化供应链基础理论分析中,产品服务化供应链的结构模型是其内涵形象化的显示,产品服务化供应链的特征是其内涵的外在表现,也是与传统产品供应链和服务供应链区别的重要参考依据,以及协调中关键问题的确定是其协调机制研究的基础。

产品服务化供应链营销协调机制设计中,产品服务系统包括哪些价值模块是营销协调机制设计的重要基础工作,而不同价值间关联关系的识别是营销协调机制设计中的重要环节,该关联关系使得集成服务提供商的选择和推销行为更具有针对性。

产品服务化供应链能力协调机制设计中,供应和需求各自不确定情形下的能力协调机制的设计是综合考虑供应和需求不确定下能力协调机制设计的基础。

产品服务化供应链收益分配协调机制设计中,除贡献率外,其他影响因素的识别是需首先解决的问题,以实现对 Shapley 值法的改进。在确定影响因素的权重时,综合考虑影响因素间存在相互影响关系,确保获得权重的科学性。

综上所述,将重点探讨以下几个方面的问题:

(1)产品服务化供应链的结构模型、特征和协调关键问题探析。产品服务化供应链的结构模型是其内涵形象化的显示,产品服务化供应链的特征是其内涵的外在表现,也是与传统产品供应链和服务供应链进行区别的参考依据。而明确产品服务化供应链协调中的关键问题是产品服务化供应链协调机制设计研究的重要基础工作。

(2)产品服务系统价值模块的划分及不同价值模块间关联关系的识别。产品服务系统价值模块的划分是营销协调的重要基础工作,而不同价值模块间关联关系的识别可直接用于指导集成服务提供商的营销行为。

(3)供应和需求各自不确定情形下的能力协调机制设计。上述两种情形下的协调机制设计是综合考虑供应和需求不确定下能力协调机制的基础。

(4)产品服务化供应链收益分配协调机制设计影响因素的识别及其权

重的确定。影响因素的识别是确保实现对 Shapley 值法全面改进的基础，而在确定影响因素权重时，综合考虑影响因素间存在相互影响关系，以使整个收益分配协调结果更具有合理性和科学性。

1.4　研究方法与技术路线

综合应用系统论、超网络、过程管理、博弈论、机制设计、交叉销售、供应链契约等理论与方法，将文献回顾、实地调研等定性研究与系统建模优化等定量研究相结合。

(1) 首先对典型企业进行实地调研，以及结合服务化、产品服务化供应链和供应链管理等相关问题的研究进展，指出本书的研究问题。然后，围绕本书的选题，对与之相关问题的国内外研究现状进行分析，具体包括服务化、服务型制造、产品服务系统、产品服务化供应链、供应链协调、供应链收益分配等方面，在此基础上，进一步明确本书的研究目的、研究内容和需解决的关键问题。

(2) 通过文献梳理的方法对交叉销售、关联规则分析、服务能力、供应链协调、网络分析法、Shpaley 值法等理论与方法的研究进展情况进行综述，归纳当前研究所取得的成果与主要贡献，为本研究提供有力的理论指导和方法支持。

(3) 依据系统论、超网络和过程管理的思想对产品服务化供应链的基础理论进行分析。依据系统论的思想，按照"输入—中间转换—输出"的顺序对产品服务化供应链的结构模型进行分析，以及根据超网络的思想明确产品服务化供应链系统的特征。通过与传统产品供应链和服务供应链运作模型的对比分析，明确产品服务化供应链的运作模型。依据过程管理的思想，将产品服务化供应链满足客户需求的过程分为相互联系的不同环节，据此确定产品服务化供应链不同环节上的协调问题，即确定产品服务化供应链协调中的关键问题。

(4) 产品服务化供应链的下游营销环节涉及的活动主要是集成服务提供商如何促使客户订购更多种类和数量的价值模块，进一步讲，也就是集成服务提供商制定何种营销策略能够激励客户订购更多种类和数量的服务。交叉销售为集成服务提供商营销策略的制定提供了理论指导，它是指借助客户关系管理，发现现有客户的多种需求，并通过满足其需求而销售多种相关产品和服务的一种新兴营销方式。围绕交叉销售思想在产品服务化供应链营销协调中的应用。首先，对产品服务系统的价值模块进行划分，这是交叉销售实施的基础。接着,运用数据挖掘中的关联规则分析和 Apriori 算法识别出产品服务系统中价值模块间的关联关系,这是交叉销售实施的重要支撑。而价格折扣策略为集成服务提供商交叉销售的定价提供了指导。

(5)综合考虑产品服务化供应链面临的供应和需求均具有不确定性。针对供应不确定,提出当供应商无法满足分包商的转包需求时将面临惩罚,则其更愿意与分包商共享能力信息,一方面降低惩罚发生的可能性,另一方面也避免造成能力的过度准备,构建基于惩罚契约的分包商和供应商间的协调模型,探寻该协调模型的最优解;针对需求不确定,分包商设计收益共享契约以激励集成服务提供商订购更多的"能力",构建基于收益共享契约的分包商和集成服务提供商间的协调模型,探寻该协调模型的最优解。在此基础上,构建基于惩罚和收益共享的联合契约的产品服务化供应链协调模型,旨在降低能力供应的不确定性和减弱需求不确定性带来的影响,进而提高产品服务化供应链的整体收益。在建模过程中,遵循"三步建模法",这种方法是研究供应链协调问题普遍采用的方法。

(6)通过文献分析法和实地调研识别出产品服务化供应链收益分配协调的其他影响因素,以实现对 Shapley 值法的修正。而在确定各影响因素权重时,借助 ANP,ANP 实现了对 AHP 的改进,它以一种扁平的、网络化的方式表示影响因素之间的相互关系,允许影响因素之间存在相互影响关系,与现实决策问题更为接近。

参考文献

[1] S. Vandermerwe, J. Rada. Servitization of business: adding value by adding services[J]. European Management Journal, 1988, 6(4): 314 - 324.

[2] Edward D. Reiskin, Allen L. White, Jill Kauffman Johnson, Thomas J. Votta. Servicizing the chemical supply chain[J]. Journal of Industrial Ecology, 1999, 3(2 - 3): 19 - 31.

[3] 孙林岩, 李刚, 江志斌, 郑力, 何哲. 21 世纪的先进制造模式——服务型制造[J]. 中国机械工程, 2007, 18(19): 2307 - 2312.

[4] Mark Johnson, Carlos Mena. Supply chain management for servitised product: A multi-industry case study[J]. International Journal of Production Economics, 2008, 114(1): 27 - 39.

[5] 陈菊红, 郭福利. 产品服务化供应链的运作模式研究[J]. 物流科技, 2010, (12): 33 - 36.

[6] Cohen M A, Whang S. Competing in product and service: a product

life-cycle model[J]. Management Science,1997,43(4):535-545.

[7]刘继国.制造业服务化发展趋势研究[M].北京:经济科学出版社,2009.

[8]何哲,孙林岩,朱春燕.服务型制造的概念、问题和前瞻[J].科学学研究,2010,28(1):53-60.

[9]Arshinder, Arun Kanda, S. G. Deshmukh. Supply chain coordination: Perspective,empirical studies and research directions[J]. International Journal of Production Economics,2008,115 (2):316-335.

[10]G P. Cachon. Supply chain coordination with contracts[R]. Working paper,University of Pennsylvania, Philadelphia, PA. 2002.

[11]罗建强.服务型制造企业服务衍生的存在性研究[J].科学学与科学技术管理,2015,12:119-127.

[12]张富强,江平宇,郭威.服务型制造学术研究与工业应用综述[J].中国机械工程,2018,18:2144-2163.

第 2 章 文献回顾与理论综述

围绕与研究所需的理论和方法,不少学者开展了研究工作,并取得了一定的研究成果,为整体研究奠定了坚实的理论基础。这些研究成果主要包括供应链营销协调、交叉销售、服务能力、供应链契约、Shapley 值法等方面。

2.1 供应链营销协调研究综述

供应链营销协调的目的在于降低分销渠道的成本,提高分销渠道的效率。目前,国内外学者对供应链营销协调的研究主要分为两种情形:考虑销售商促销努力影响市场需求时的营销协调和直销与传统销售共存即混合渠道下的营销协调等。

与考虑销售商促销努力水平影响市场需求下相关的研究主要有:针对考虑销售商促销努力影响市场需求时单纯的回购契约无法实现供应链协调的问题,T. A. Taylor 提出回购与销售回扣的联合契约可以激励销售商投入更大的促销努力活动,实现供应链的协调。

周永务等考虑到销售商广告投入对其订购策略的影响,构建了广告投入与订购策略的联合决策模型,研究得出确定性市场需求下销售商的广告投入高于不确定性市场需求下的投入量。

曹细玉等以易逝品供应链为研究对象,综合考虑广告和促销联合投入对市场需求的影响,在市场需求不确定情形下,构建了广告和促销联合投入以及订购量的决策模型,研究得出广告投入存在道德风险,并给出回购、数量折扣等策略可以实现供应链的协调。

邱若臻等指出常见销售商的投资策略为订购营销基本策略、订购成本压缩投资策略、营销投资策略和订购成本压缩—营销投资组合策略等四种,并针对销售商具有订购成本压缩和营销投资策略时,探讨了供应链订购决策与营销渠道协调相关的问题,构建了 Stackelberg 主从对策模型。

徐最等考虑销售商促销努力水平影响市场需求的情形下,探讨销售商的订购量和促销努力水平的决策问题,给出了基于两种限制性回购契约的协调模型。

与直销与传统销售共存时相关的研究主要有:Dong-Qing Yao 等对直销和传统销售两种营销渠道在市场需求确定性的定价问题进行了研究。进一步,Dong-Qing Yao 等对图书和 CD 等产品供应链双渠道(直销和传统销售)设计问题进行了探讨,研究得出供应商可通过增加直销渠道或减少传统销售渠道降低收益损失。

P.D. Berger 等给出了混合渠道(直销和传统销售共存)供应链的最优库存控制策略,并对比分析了直销、传统销售和混合渠道等三种分销渠道的成本情况,得出混合营销渠道可以降低分销系统的成本。

A. Dumrongsiri 等探讨了直销和传统销售共存下供应链的定价问题,构建了基于博弈论的供应链价格决策模型,研究指出传统销售与直销间销售成本的差异影响均衡渠道的均衡,以及产品需求的波动程度对其均衡价格也存在很大的影响。

邱若臻等考虑需求信息更新对混合渠道下供应链双渠道定价决策问题的影响,构建了 Stackelberg 主从对策模型,并分析了需求信息更新对供应链定价策略的影响。

此外,还有学者同时考虑销售商促销努力水平影响市场需求以及直销和传统销售渠道共存下的营销协调问题,相关的研究主要有:王圣东等探讨了供应链环境下考虑直销和传统销售两种模式共存下的制造商和销售商间合作广告费用分担决策问题,给出了一种基于地方促销广告费用分担的供应链协调策略。

曲道钢等考虑销售商促销努力水平影响市场需求时,探讨了混合销售渠道供应链中销售商的订购量和促销努力水平决策问题,构建了基于改进收益共享契约的协调模型。

但上述文献的研究对象仅向市场提供单一类型的产品,而产品服务化供应链向市场提供产品服务系统,所以现有的供应链营销协调的研究成果不能直接用于指导产品服务化供应链的营销协调活动。产品服务化供应链营销协调的目的在于促进客户订购不同类型的产品和服务,同时追求低成本和高效率。

2.2 交叉销售研究综述

2.2.1 交叉销售的概念

"交叉销售"(Cross selling)一词由来已久,早在 1965 年,交叉销售在国外金融行业中已经得到广泛的引用。在国内,在 1999 年也有探讨交叉销的研究文献出现。但是,直到 2000 年以后,交叉销售的理论和实践应用相关的研究文献才逐渐增多,但对交叉销售的概念也提出了不同的理解,具有代表性的定义有:

D. Nash 等认为交叉销售就是鼓励一个已经购买了某企业产品 A 的客户继续购买与该产品相关联的产品或服务 B。

Y F. Jarrar 等认为交叉销售是指企业借助客户关系管理来发掘现有客户的多种需求,并为满足客户的需求而销售多种不同相关产品或服务的一种新兴销售方式。

Kamakura 等认为交叉销售就是指采取有效的策略增大客户使用同一家企业产品或服务的种类和数量。

在国内,高充彦等认为交叉销售是指通过对现有客户需求的了解和掌握进而向其推荐相关联的产品或服务的一种营销行为。

任锡源等认为交叉销售是指借助客户关系管理,发掘现有客户的多种需求,并通过满足其需求而销售多种相关联产品或服务的新兴营销方式,并进一步指出企业业务发展的多元化和复杂化,以及消费者需求的多样化是交叉销售实施的两个重要驱动因素。

此外,郭国庆认为交叉销售并不只是一种营销策略,更重要的是一种营销哲学,从本质上讲,是指充分利用一切可以利用的资源来开展营销,服务市场,赢得客户。

可见,产品服务化供应链营销协调活动的目的正符合交叉销售理论的思想。因此,本文拟将交叉销售应用于产品服务化供应链营销协调活动中。

2.2.2 交叉销售的相关研究综述

与交叉销售实践应用相关的研究文献主要包括两类:一类是交叉销售机会的识别;另一类是交叉销售实施的优化问题。

其中,与交叉销售机会识别相关的研究主要有:Kamakura 等针对金融行业,提出通过"潜在特质分析"来寻找适用交叉销售的潜在客户。但是上述潜在特质模型在运用时,要求企业了解每一个客户购买本企业和竞争对手产品的情况,而这在现实活动中是很难实现。为此,Kamakura 等又提出了一个"综合数据因子分析模型",其目的主要是根据现有的样本调查数据来处理未调查的对象,以找出适合交叉销售的潜在客户。

L. Paas 等运用"Mokken 量表"对现有客户购买金融产品的顺序进行调查与分析,进一步又运用序列逻辑模型对每一阶段现有客户的显著特征进行分析,并以此作为预测交叉销售机会的一个重要依据。

T. Harrison 等针对保险行业,探讨了生存分析法在交叉销售机会识别中的应用,以帮助其留住现有客户。

J W. Peltier 等提出了利用市场细分来进行交叉销售预测,而市场细分变量主要包括动机、信念、态度、价值观等。

与交叉销售实施优化相关的研究文献主要有:

A. Konnt 等提出了 NPTB(Next-product-to-buy)模型以提高交叉销售实施的有效性,实施步骤包括编辑数据、选择统计模型、估计和评价模型、客户评分和定位等。

S. Doyle 针对交叉销售实施的优化问题,提出了在客户关系管理过程中优化配置交叉销售资源的方法。

M D. Cohen 针对银行行业的特点,提出了一种优化交叉销售实施和向上销售机会的方法,并给出有效的营销方式向现有客户提供服务,以达到营销投资回报最大化的目的。

在国内,程岩针对销售商如何选择商品的组合以及如何为商品组合定价,以确保交叉销售收益最大化的问题,将动态交叉销售映射为事件驱动的马氏决策过程模型,并结合关联规则理论提出了知识驱动的 Q-学习算法。

刘晓冰等在对钢铁企业产品交易特征分析的基础上,进一步对钢铁企业实施交叉销售的可能性进行了分析,据此给出了钢铁企业交叉销售的实施模型,并对其构建过程和关键支持技术进行了研究。

汪涛等针对金融业现有交叉销售应用研究的不足,提出了包括整合客户信息、机会识别、实施交叉销售、效果评估等的完整交叉销售管理过程模型,并以某商业银行的个人贷款数据探讨了交叉销售有效实施的可能性。

王卫平等考虑到客户关系管理数据的特殊性以及 Apriori 算法的局限性,将协同过滤运用到交叉销售中,研究结果表明其比传统的关联规则分析算法更具有优越性,进一步降低了企业的销售成本,并实现了企业收益和客户忠诚度的提高。

程岩研究指出电子商务零售中经常会选择多种商品进行促销,以提高零售收益。选择哪些商品进行促销需要考察不同商品间的交叉销售效果,并提出了计算交叉销售即时效果与延时效果的方法,在此基础上设计出促销商品选择的遗传算法。

罗兵等(2014)考虑特价商品与相关商品存在交叉销售,其需求与价格和库存水平有关,有现货时会促进相关商品销售,缺货时顾客等待意愿受价格和时间共同影响,构造了一个新的短缺量滞后供给分数,建立了相应的经济订货批量模型(Economic order quantity model,EOQ 模型)。从理论上分析了模型唯一最优解存在的条件和相关的管理启示。

周佳琪等(2015)考虑交叉销售,首先建立带缺货惩罚的单周期多产品集中决策报童模型,推导其最优订货量的一阶必要条件,并给出最优解的上下界。考虑多个报童独立竞争决策,建立交叉销售产品的报童博弈模型,证明该博弈是超模博弈,并给出了一阶博弈均衡条件以及均衡解的唯一性条件和上下界。分析了集中决策和分散博弈决策的差异,给出了博弈模型中需求相关系数对期望利润的影响规律。

金亮等(2017)针对由一个线上零售商和一个线下实体店构成的"线下体验＋线上零售"O2O(Offline to Online)供应链,考虑线下实体店为线上零售商的产品提供线下体验服务以及实体店存在交叉销售行为,且交叉销售收益为实体店私有信息,建立了线上零售商和线下实体店之间的委托代理模型,设计了线上零售商佣金契约。进而分析了佣金契约性质,考察了不对称信息和交叉销售对线上零售商、线下实体店的影响。

交叉销售在现实活动中得到了广泛的应用,如帮助金融等行业留住现有客户,降低营销成本和提高营销效率。金融行业等也为客户提供不同类型的服务,因此,交叉销售在金融行业的成功应用为交叉销售在产品服务化供应链营销协调中的提供了借鉴。交叉销售的成功运用需要对客户交易历史数据进行详细分析,从中找出关联关系,数据挖掘中的关联规则分析是一种有效的方法。

2.3　关联规则分析

2.3.1　关联规则分析的基本概念

关联规则是描述数据库中数据项之间存在的潜在关系的规则。问题可以描述如下:设 D 是交易数据库,$\gamma=\{\gamma_1,\gamma_2,\ldots,\gamma_n\}$ 是由 n 个不同项目组成的集合。其中的每一个交易或实物 T 是 γ 中一组项目的集合,即 $T\subseteq\gamma$。每个交易或实物都与唯一的标志符 TID 相联系。

对于项目集 $T\subseteq\gamma$,如果 $X\subseteq T$,则交易或事务 T 支持 X。如果 X 中有 k 个项目,则又称 X 为 k-项目集,或 X 的长度为 k。

定义 2.1:项目集 X 的支持数(度):交易数据库 D 中支持项目集 X 的事务数称为 X 的支持数,记为 $\text{Count}(X)$。

设交易数据库中 D 中的总的事务数为 $|D|$,则项目集的支持度为 $\dfrac{\text{Count}(X)}{|D|}$,记为 $\text{Sup}(X)$。

第 2 章　文献回顾与理论综述

定义 2.2：关联规则 $X \to Y$ 的支持数(度)：交易数据中 D 中的支持项目集 $X \cup Y$ 的事务数称为关联规则 $X \to Y$ 的支持数，记为 $\text{Count}(X \to Y)$。

关联规则 $X \to Y$ 的支持度为：$\dfrac{\text{Count}(X \to Y)}{|D|}$，记为 $\text{Sup}(X \to Y)$。

定义 2.3：关联规则 $X \to Y$ 的可信度：关联规则 $X \to Y$ 的可信度定义为，$\dfrac{\text{Count}(X \to Y)}{\text{Count}(X)}$，记为 $\text{Conf}(X \to Y)$。

关联规则分析就是在交易数据库 D 中找出满足给定的最小支持度 min-sup 和最小可信度 min-conf 条件的关联规则。关联规则分析的过程可以分解为以下两个子问题：

(1) 根据最小支持度找出交易数据库 D 中的所有频繁集。
(2) 根据频繁项目集和最小可信度产生关联规则。

其中第一个问题是关键问题，也是决定关联规则挖掘算法性能的问题。

2.3.2　关联规则分析的算法

1. Apriori 算法的基本思想

Apriori 算法是一种最具影响的挖掘布尔关联规则频繁项目集的算法。该关联规则在分类上属于单维、单层、布尔关联规则。在这里，所有支持度 $\dfrac{\text{Count}(X)}{|D|}$ 高于最小支持度 min-sup 的项目集称为频繁项目集，简称频集。

Apriori 算法的基本思想如下：首先，找出所有的频集，这些项目集的支持度 $\dfrac{\text{Count}(X)}{|D|}$ 至少等于给定的最小支持度 min-sup。接着，由频集产生强关联规则，这些规则必须满足最小支持度 min-sup 和最小可信度 min-conf 原则。然后使用第一步找到的频集产生期望的规则，产生只包含集合的项的所有规则，其中每一条规则的右部只有一项，这里采用的是中规则的定义。一旦这些规则被生成，那么只有那些高于给定的最小可信度 min-conf 的规则才被留下来。

2. Apriori 算法代码

Apriori 算法使用一种被称作逐层搜索的迭代方法，即 k-项集用于探索 $(k+1)$-项集。在逐层搜索的过程中，首先，找出频繁 1-项集的集合，记作 L_1。L_1 用于找频繁 2-项集的集合 L_2，L_2 用于找 L_3。如此下去，直到不能找到频繁 k-项集。找每个 L_k 需要扫描一次交易数据库 D。用 L_{k-1} 找 L_k

由连接和剪枝两个过程组成。

(1)连接步:为找 L_k,通过 L_{k-1} 与自己连接产生候选 k-项集的集合。该候选集的集合记作 C_k。设 l_1 和 l_2 是 L_{k-1} 的项集。记号 $l_1[j]$ 表示 l_1 的第 j 项。为方便计,假定事务或项集中的项按字典次序排序。执行连接 L_{k-1} joinL_{k-1},其中 L_{k-1} 的元素是可连接的,如果它们前 $(k-2)$ 个项相同。即是,L_{k-1} 的元素 l_1 和 l_2 是可连接的,如果 $(l_1[1]=l_2[1]) \wedge (l_1[2]=l_2[2]) \wedge \cdots \wedge (l_1[k-2]=l_2[k-2]) \wedge (l_1[k-1]=l_2[k-1])$。条件 $l_1[k-1]<l_2[k-1]$ 时简单地保证不产生重复。连接 l_1 和 l_2 产生的结果项集是 $l_1[1]l_1[2]\cdots l_1[k-1]l_2[k-1]$。

(2)剪枝步:C_k 是 L_k 的超集;即,它的成员可以是也可以不是频繁的,但所有的频繁 k-项集都包含在 C_k 中。扫描数据库,确定 C_k 中每个候选的计数,从而确定 L_k。然而,C_k 可能很大,这样所涉及的计算量就很大。为压缩 C_k,可以用以下办法使用 Apriori 性质:任何非频繁的 $(k-1)$-项集都不可能是频繁 k-项集的子集。因此,如果一个候选 k-项集的 $(k-1)$-子集不在 L_{k-1} 中,则该候选也不可能是频繁的,从而可以由 C_k 中删除。

以下是算法的伪码描述:

输入:事务数据库 D;最小支持度阈值 min-sup;最小可信度阈值 min-conf。

输出:事务数据库 D 中的所有频繁项目集 L 和关联规则 AR。

2.3.3 关联规则分析的应用研究综述

关联规则分析在实践活动中得到了广泛的应用,而客户历史销售记录数据分析是关联规则数据挖掘算法的主要应用领域之一。例如,冯玉才等以一个超市的历史销售数据分析为例,构造了一个面向关联规则挖掘的关系数据库,以此为基础,由关系数据库管理系统和数据仓库挖掘工具相结合进行单维及多维关联规则挖掘。

唐敏针对超市销售关联规则的特点,提出了适用于超市销售相关性分析模型,并通过商业检验,表明该算法可以显著提高相关商品的销售量。

叶孝明等研究指出基于约束的关联规则分析可以有效地发现商品间的关联关系,为零售企业的货架布置及关联商品促销决策的制定提供决策信息,在此基础上,制定更加合理的交叉销售策略,将有助于提供零售企业的销售额和客户满意度。

羡晨静等在阐述电信运营企业市场竞争和营销活动中存在的问题的基础上,结合电信企业的特点,分析了在该行业营销领域采用交叉销售策略的必要性,并将数据挖掘中的关联规则分析法应用于交叉销售分析中。

陈海波等(2013)通过对 1350 位居民的文化消费调查,运用关联规则挖掘的 Apriori 算法以及 Gri 算法对文化消费品之间的关联性以及居民特征与文化消费产品间的关联性进行分析。

为了实现商品的精确营销,结合数据挖掘中的聚类分析和关联规则技术发现隐藏在海量数据中的有用信息。范万生等(2017)在对客户数据采用改进的聚类分析算法进行分类的基础上,针对每一个分类的客户,利用 Apriori 算法进行关联规则分析,得到有用的关联规则以指导商品的精确营销。

运用 Apriori 算法对客户交易历史数据进行处理和分析,可以产生相应的关联规则,该关联规则可用于指导销售商的选择和营销活动,使销售商的选择行为更具有针对性。

2.4 服务能力研究综述

2.4.1 企业服务能力研究综述

20 世纪 90 年代以来,国内外学者对服务能力管理相关问题展开了一系列的研究,主要集中在服务能力的内涵、量化、分配与定价,以及服务能力增强策略等方面。

与服务能力内涵相关的研究主要有:M. Berg 等和 E. Mohebbi 从"系统角度"将服务运作系统抽象为"生产—库存系统",认为服务能力是企业满足客户服务需求的最大处理能力。J. A. Fitzsimmons 等从"能力供应"的角度出发,认为服务能力是指企业在某一段时间内传递服务的本领,并进一步指出服务能力的大小取决于企业可用资源的多少,如服务设施、设备、人员等。

服务能力的量化方法主要有两种:一种是用当前服务能力低于服务需求的概率,即服务缺失参数来表示企业服务能力水平的高低(Yon-ChunChou 等,2009);另一种是将服务能力看作是企业可用资源的固定总量,构建服务能力与时间的函数,研究不同时间点上服务能力的分配情况,在能力成本最小化目标下确定最优服务能力供应的数量(Hanil. Mesak 等,2010)。

服务能力增强策略主要有两种:一是企业通过合理增加自身可用资源投入量来提升其服务能力(Adenso-Doaaz 等,2002;Xiuli Chao 等,2009);二是采用服务外包的方式,通过服务集成商与服务提供商之间的能力合作机制,提高其服务能力的供应水平(D F. Blumberg,1998)。

目前,国内学者对于服务能力的研究目前主要集中在物流服务能力(汪鸣等,2002;马士华等,2007;刘伟华等,2008)和生产系统能力(季建华等,2009;丁胡送等,2010)两个方面。其中,与物流服务能力基本概念相关的研究主要有:马士华等认为物流能力是一个系统概念,按照其服务对象和评价角度,将其分为内部物流能力和外部物流能力两部分。

  姜继锋等将物流服务能力分为基本服务能力和增值服务能力,前者主要包括快捷运输能力、产品储存与维护能力、产品配送能力、准时交付能力、信息服务能力、流通加工能力,后者主要包括增加便利性服务的能力、提供定制化服务的能力、提升延伸性服务的能力、降低成本服务的能力。

  与物流服务能力定量研究相关的文献主要有:刘小群等提出了基于产品供应链的物流链模型,从"节点—路线—网络"等三个方面初步探讨了物流能力的量化与优化问题。

  刘伟华等利用著名的"大道定理"对供应链中的物流能力进行主干道设计,实现不同层次的物流干道有机匹配,对供应链物流能力的提高和时间节约这两个目标进行综合优化。

  在制造企业能力研究方面,国内注重生产能力控制与优化问题,而对服务因素考虑较少。例如,包兴等对生产制造型运作系统的能力概念进行了界定,认为企业生产运作能力是人员能力、设施能力、物料供应能力以及管理能力的交互作用集合体。

  丁胡送等进一步研究了生产能力变异性与牛鞭效应之间的影响关系,指出与比生产能力大小对牛鞭效应影响相比,生产能力变异性对牛鞭效应的影响更为敏感,并指出在当前需求不确定性环境下,为了满足客户需求,除了考虑变异性,还需研究生产能力约束因素。

  赵立龙等(2015)以华为公司为案例,基于资源基础理论探索了制造企业服务创新战略与技术能力的战略匹配关系。研究发现当企业技术能力较弱时,实施渐进式服务创新战略为顾客提供完备的产品支持服务,能有效增加产品价值提升市场绩效。当技术能力较强时,实施突破式服务创新战略,能够与技术能力形成知识溢出效应,更有助于市场和财务绩效提升。

  许晖等(2015)基于产品—服务离散过程,采用跨案例研究方法,从动态匹配视角探索不同组织情境下制造企业服务创新能力的构建及其实现路径。研究结果显示:企业资源/能力与环境的动态匹配有结构匹配和功能匹配两种模式;制造企业通过资源能力要素的不同组合与环境因素进行结构匹配和功能匹配以构建其服务创新能力,匹配过程的不同导致服务创新能力的异质性和序列效应;由于产品—服务离散程度的不同,制造企业服务创新能力可分为低离散性、融合型和高离散性三种类型。

  余维臻等(2017)构建了营销知识、渠道学习与服务创新能力关系的理论模型,通过运用多元回归方法对浙江162家企业样本的问卷调查数据进行实证分析。研究发现营销知识、渠道学习对服务创新能力均有显著的正向效应,且渠道学习起中介效应;企业规模在营销知识对渠道学习、服务创新能力两条影响路径中起正向调节作用,产业类别在营销知识对渠道学习影响路径中存在调节作用。

胡查平等(2018)从企业能力理论出发,以制造业企业服务化战略转型过程中应具备何种相关特殊类型能力,以支撑制造企业服务化绩效的实现为研究视角。通过对珠三角、长三角、华中经济区200家不同行业的典型制造业服务化企业的数据收集与整理,研究发现,与制造业服务化战略类型保持相对匹配的企业特定情境能力,在对制造业企业服务化战略成功转型中扮演积极的影响作用。

目前,关于企业服务能力的研究仅局限于单个企业(制造企业或服务企业等)内部,并没有拓展到供应链环境下。

2.4.2 供应链能力管理研究综述

1. 产品供应链能力管理研究综述

产品供应链能力管理研究的主要集中在供应链能力投资与扩展、能力采购、生产能力分配等方面。

其中,与供应链能力投资与扩展相关的主要研究有:例如,在市场需求不确定性多资源能力投资的研究基础上,P. Kouvelis等进行了两个维度的扩展,在随机市场需求情况下供应链的能力扩展,分为两阶段探讨了供应链中的能力投资问题,第一阶段是核心能力的投资,第二阶段是非核心能力的投资。

A. Angelus等以短生命周期产品供应链为对象,探讨了易逝品供应链的能力扩展和减小政策,但是该文没有考虑供应链外部环境变化对决策的影响。

J A. Van Mieghem对竞争博弈模型中的能力投资决策问题进行了研究,研究结果表明,两个市场的需求挥发性和负相关性驱动了能力外包。

能力分配是供应链中非常重要的决策问题,国外一些学者对相关问题进行了研究。例如,J. Korpela等指出传统的供应链能力分配只考虑了成本和利润优化问题,除此之外,还应该考虑客户的战略重要性和风险,并给出了基于层次分析法和混合整数规划的问题解决框架模型。

C C. Hsieh等考虑各节点企业不可靠性的存在,针对多资源多节点网络中的资源分配决策问题,以可靠度最大为目标,考虑需求独立和需求与价格相关情况下的成本约束,建立了相关决策模型。

S M. Wang 等考虑到生产设施投资的长期性而需求变化的快速性,对基 Make-to-stock 类型的生产企业资源分配问题利用一个约束规划的遗传算法进行了求解。

Z. Kirstin 等研究了具有不确定 JIT 交货的供应链协调问题,他分析了供应商和生产商完全独立情况和联合决策下的供应商最优决策行为。

Kim 讨论了制造商如何确定自身完成半成品的数量,以及外包给两个具有不同能力和价格提供制造商的数量。

在国内,不少学者对产品供应链能力管理相关的问题进行了研究,代表性研究文献主要有:张旭梅等针对制造商和供应商之间的信息不完全下动态博弈问题,根据供应商提供的质量、交货期和价格等为决策依据,建立了供应商选择过程中的不完全信息下动态博弈模型和奖罚机制,通过判断供应商提供数据的真假性,对供应商的订单分配问题进行了研究。

鲁其辉等考虑一个包含两个竞争的制造商和一个共同的零售商的供应链结构,制造商提供的产品是可替代的,最终消费者对每个产品的需求与市场中产品的质量差异和该产品的货架空间相关,研究结论指出,当市场需求对质量差异的反应或者货架空间弹性系数越大,质量竞争的激烈程度提高,且制造商将采用更高质量水平,零售商和有质量改进成本优势的制造商将从质量竞争受益,质量成本劣势的制造商和整个供应链在质量竞争中受损,消费者将从质量竞争中获益。

赵晓煜等针对多制造企业、多产品、多客户的环境,考虑需求订单分配的二级分销网络优化设计模型,根据制造企业各分厂的生产能力和各客户区对不同产品的需求情况,合理的将对产品的需求分配到各个分厂,制定相应的生产计划,以降低生产和分销环节的总费用。

万杰等针对由 1 个供应商和 n 个零售商构成的供应链中,当零售商的订货量超过供应商的生产能力时,供应商要选择一种分配机制来分配有限的产品,证明和量化了"激励—扩大"机制中的线性分配机制对牛鞭效应的放大作用。

杨磊等指出供应和需求不确定性将会造成生产能力的过剩或不足,从而导致供应链的利益损失,但未必每个节点企业都会面临生产能力投资风险,针对由一个制造商和一个零售商构成的供应链,分析了三种不同的契约设计对制造商和零售商的利润和生产能力投资风险的影响。

张子健等分析了不同市场情形下,新产品开发任务在制造商及其供应商间分配的决策,研究结果表明,分离控制决策供应商承诺情形下,其参与任务分担受到一个阈值的限制,由双方相对边际利润及开发能力决定,集中控制开发任务分配相较于分离控制,企业间决策的产品开发项目规模更大。

刘华明等(2016)以供应链管理为视角,构建了伙伴关系、物流能力和供应链整合之间关系的概念模型。基于来自218家供应链上下游企业的调查数据,采用结构方程模型(SEM)的方法对上述概念模型进行了实证研究。研究结果显示,伙伴关系、物流能力对供应链整合均有显著的正向影响;同时结果显示,伙伴关系对物流能力也具有显著的正向影响,且透过物流能力,伙伴关系对供应链整合的间接影响高于其直接影响。此外,研究结果还显示,不同规模及行业企业的伙伴关系和物流能力对供应链整合的作用大不相同。

塞明等(2017)考虑由一个供应商和多个零售商组成的供应链,构建了多零售商竞争的按历史销售量分配模型,提出弱势零售商进行合作,以减轻销售压力的举措。通过合作前后利润的对比分析,得到了使合作利润增加时,零售商需满足的条件,分析了零售商的合作行为对供应链造成的影响,提出零售商合作会使供应链销售量增加。

产品供应链能力管理研究的焦点主要集中产品生产能力的投资决策、生产能力的分包定价等问题的研究。进一步讲,库存问题仍然是研究的核心问题。当更多考虑服务因素时,库存问题演变为能力准备相关问题的研究。

2. 服务供应链能力管理研究综述

服务供应链的能力管理问题起源于服务的特性。目前,对服务供应链能力管理的研究主要集中物流服务供应链上。例如,Chunhua Tian 等通过估算价格弹性参数预测顾客需求,制定服务能力分配方案,进而提高服务能力的专业化和柔性化程度。在此基础上,Khai Sheang Lee 等进一步研究了市场销售价格敏感性对能力分配和能力预售过程中最优定价的影响作用。

马翠华认为物流服务供应链实质上是一种以"能力合作"为基础的供应链,它以物流服务集成商为核心,整合物流服务供应链上各成员企业的物流资源,成员企业间基于能力的分工与协作实现关系协同,实现多主体的共赢。

高志军等在资源基础理论的基础提出物流服务供应链是一条"物流能力增值链",其通过单一物流能力的集成形成核心物流能力的基础,进而实现整个物流服务供应链上节点企业的共赢。

李果等认为供应链上节点企业的物流能力柔性是分布式供应链能否快速响应客户需求的关键影响因素之一,在相关合理假设的基础上,分析了节点企业物流能力投资环节中如何计算不确定性的投资收益,并最终建立基于多段随机规划和实物期权的物流能力柔性价值决策模型。

D. Bowersox 等认为,物流能力反映了厂商能否在尽可能低的总成本下提供有竞争优势的顾客服务的一种相对评估。

马士华等认为物流能力是物流系统的物质结构所形成的客观能力以及管理者对物流运作过程的组织与管理能力的综合反映,其由有形要素、无形要素和综合要素构成。

刘伟华等在客户需求不确定的情形下,对物流服务集成商面对多个功能型服务提供商时的订单任务分配问题进行了研究,并给出了基于多种物流能力的任务分配模型。

付秋芳等(2012)构建了以服务集成商作为服务供应链整体计划、控制和协调中心的上层计划者、各服务供应商作为具有相对自主权的下层计划者的服务供应链协同决策机制,应用多目标二层规划方法建立了服务供应链服务能力分配的优化模型,同时给出了模型的具体算法框图和流程。

姚建明在网购供应链资源整合特征分析基础上,从网购供需服务能力动态协调与均衡的角度出发,基于网购个性化服务模式分析并挖掘出资源整合的主导因素,建立了整合决策的优化数学模型,搭建了改进的蚁群寻优算法来实现整合决策优化的求解。

许芳等(2015)在梳理动态能力理论研究的基础上,提出服务供应链动态能力由环境感知能力、资源整合能力和组织变革能力三个维度构成,探讨了组织学习对服务供应链动态能力形成的作用机理及其对合作绩效的影响,从树立共同目标、强化合作联盟、培养组织学习氛围等方面提出了服务供应链协同发展建议。

陈香等(2017)构建 LSSC 低碳运营模型,运用熵权 TOPSIS 模型对 LSSC 低碳行为能力进行评价研究。以某物流园区低碳物流服务供应商选择为例,得出各方案低碳物流服务能力水平排序,查找各方案低碳服务能力关键影响要素。通过判别链上成员企业低碳行为能力高低,提出了增强企业低碳行为具体措施。

服务供应链能力管理一般指服务行业服务能力的管理,并未涉及有形产品产品加工能力的提供,以及未考虑到无形的服务能力和有形的制造资源间的相互影响。

2.5　供应链契约协调研究综述

协调是供应链管理的核心和关键问题之一,同时也是供应链管理研究的热点。而协调是"不同组织为了达到一系列的目标在合作关系中一起工作"(Mohr 等,1996)。从本质上讲,供应链协调就是实现不同决策函数的协调(R. Bhatnagar 等,1993)。

第 2 章　文献回顾与理论综述

常用的供应链契约包括批发价格契约、价格折扣契约、收益共享契约、回购契约、数量折扣契约、惩罚与回馈契约等。针对本章的研究需要,主要对价格策略、收益共享契约、回馈与惩罚契约的研究进行综述。

2.5.1　基于价格策略的供应链协调研究综述

国内外基于价格策略供应链协调的研究文献数量较多,但只考虑供应链上某一节点企业(如制造商、分销商等)的收益最优。例如,J. P. Monahan 给出的一个从供应商角度出发的价格折扣模型,供应商可以通过价格折扣策略改变零售商的订购量,从而实现其收益的提高,但该模型的局限之处在于假设零售商采取 lot-for-lot 形式订购,从而导致在大多情况下得到的结果是局部最优。

之后,有学者对该模型进行扩展(H L. Lee 等,1986;S K. Goyal,1987),让该模型更具有普遍意义,并进一步地改进和修正了模型的求解算法。

进一步,李建文等以一个由单个供应商和多个零售商构成的供应链系统为对象,在多周期内,提出了两种基于价格折扣的供应链数量协调、时间协调策略,研究表明数量协调策略可以实现供应链整体收益得到提高,在此基础上,时间协调协调策略可进一步实现供应链整体收益的提升。

王炬香等将产品销售价格看作三角模糊数,对产品销售价格浮动时的供应链协调问题进行了研究,分别求出了其在分散决策、集中控制下的基准点、浮动范围及各成员企业的模糊收益估计值。

赵正佳等针对市场需求呈随机变化的短生命周期产品,市场销售分为两个阶段且第二阶段的销售价格下降,构建了基于批发价格与价格补贴的联合契约模型,并对供应链实现协调的条件进行了分析,得到相应的最优契约参数。

张铁柱等针对由单个供应商和多个零售商构成供应链的定价问题,运用二层规划模型对该供应链的定价问题进行了研究,并给出了基于混沌搜索的模型求解算法,同时给出了供应链上各成员企业接受该决策的条件。

邵建军等针对是市场需求具有价格、时间敏感需求的情形,且产品具有对可替代性,对给定交货期下的供应链相关定价问题进行了研究,构建了不同情形下的供应链决策模型,并针对不同情形下模型的最优解进行了分析。

张学龙等不考虑缺货损失的条件下的供应链契约,同时引入供应商与零售商间的价格折扣和数量返回策略,建立了相应的供应链契约协调决策模型。通过模型的分析与求解,可以得出零售商在上述情况下的最优订购策略及供应商回购策略。

王文利等研究了预付款融资模式下供应商和制造商的最优生产和融资决策,并分析了供应商的自有资金、价格折扣两种因素对供应链融资绩效的影响。研究发现:给定价格折扣,只有当供应商的自有资金量小于一定临界值时,供应商才会接受预付款融资合同;如果价格折扣高于一定临界值,实施预付款融资后,供应商的生产能恢复到无资金约束下的最优水平,否则,只有当供应商的自有资金量超过一定值时,预付款融资才能使供应商的生产恢复到无资金约束下的最优水平,并且供应链的绩效不会因供应商的资金约束而受损。研究的结论能为企业制定预付款融资决策提供参考依据。

慕银平等面对原材料市场价格的大幅波动,供应链节点企业需要采用相应策略来规避价格波动带来的风险。通过设计价格柔性合同,分析供应链企业通过采购价格柔性策略来缓解采购价格波动给企业利润带来的风险。采用Stackelberg主从博弈模型研究得出了制造商的最优采购数量和供应商的最优价格柔性系数,并分别分析了各最优结果随采购价格柔性合同参数的变化趋势。利用供应链各主体的利润方差度量各自承担的利润风险,分析了供应商和制造商的利润风险随采购价格柔性合同参数的变化规律。

刘军等采用一般需求函数,通过构建不同主导模式下的博弈模型,探讨供应链成员的最优价格策略;基于此,比较每个成员在三种主导模式下的利润,并得出均衡状态下的供应链主导模式。

可见,价格策略如价格折扣策略是一种有效的供应链协调策略,可以实现供应链的协调。但是,在某些特殊的情况下(如市场需求随机变化等),价格折扣策略需要与其他策略(如价格补贴策略等)综合运用才能够实现供应链的协调。

2.5.2 基于收益共享契约和惩罚契约的供应链协调研究综述

收益共享契约是指供应商以一个较低的批发价格(低于生产成本)给零售商供货,销售期末零售商将其收入按照一定关系返还给供应商的协议。

最早,G.P.Cachon等对不同类型的供应链契约进行全面的探讨,得出收益共享契约与回购契约在本质上是一致的。

Y.Z.Wang等针对具有市场需求呈随机变化的装配系统,构建了基于收益共享契约的协调模型,研究结果表明组装者通过使用收益共享契约,可以使供应链达到协调以及各成员企业的收益均得到了提高。

第 2 章 文献回顾与理论综述

张贵磊等以由单个供应商和单个零售商构成的供应链为研究对象,分别探讨了供应商主导型、零售商主导型时供应链的收益分配均衡问题,构建了相应的收益共享契约协调模型,研究得出主导企业可运用其主导权使其他成员企业只能够获得保留利润,而其自身获得所有的剩余利润,并且主导企业制定的收益共享参数能够使整个供应链达到最优收益水平。

许传永等在市场需求不确定的情况下,以由一个供应商和一个零售商构成的供应链为对象,分析了收益共享对供应链订货水平、收益和收益分配的影响。研究发现,对于零售商来讲,收益共享可以提高收益但降低了收益份额,对供应商更有利,追求更高份额的动机也会造成供应链失调。

胡本勇等针对市场需求为随机且受销售商努力水平影响下,构建了基于期权销量担保契约模型,给出了一种基于期望损失的期权定价方法,并分析了销售商努力因素对供应链协调的影响。研究得出,在考虑销售商努力因素时单纯的期权销量契约无法实现供应链协调,在此基础上,引入收益共享和努力成本共担策略,对原契约协调模型予以修正。

林志炳等在供应商和零售商等决策主体均具有损失厌恶特性的条件下,研究了供应链的最优定价策略,分析了损失厌恶特性对零售商最优决策的影响。

陈菊红等在综合考虑市场销售价格为内生变量,且产品残值与生产其成本相关的情况下,建立了基于收益共享契约的协调模型。而后,陈菊红等综合考虑单位产品生产成本递增和销售成本递增,市场需求函数为相乘型需求形式,以单个供应商和单个零售商构成的供应链为研究对象,建立了基于收益共享契约的协调模型。

惩罚契约指供应链上的供应商和零售商共同协商,在期初为零售商设定一个销售目标,在销售季节末,对于未完成的部分,供应商对零售商每件商品的惩罚按规定的价格执行的协议。

M R. Frascator 等针对供应商生产能力不足时的供应链协调问题进行了探讨,研究发现制造商通过实施"惩罚策略"可以有效地避免生产能力不足的现象,从而保证供应链整体收益的最大化。

王玮等、C. Schneeweis 等分别对供应商提前/推迟交货下的供应链协调问题进行了研究,前者指出提前交货将会增加销售商的库存成本,后者指出推迟交货又需支付惩罚费用,得出提前/推迟交货均会造成供应链服务质量的降低,针对上述问题,提出了基于惩罚策略的供应链协调模型。

此外,S. Starbird 等、张翠华等对产品质量损失面临惩罚时的供应链协调问题进行了研究,分析了零售商的质量评价结果隐藏情况对供应商的质量预防决策、零售商的质量评价结果的影响。

在市场需求不确定且与销售商努力水平相关的情况下,何勇等[156]构建了基于收益共享契约的协调模型,研究发现单纯的收益共享契约无法实现供应链的协调,在此基础上,提出了基于回馈与惩罚策略的收益共享契约,解决了单纯收益共享契约无法实现协调的问题,并给出了最优契约参数的求解方法。

余玉刚等研究了允许缺货情况下易变质品的供应商管理库存问题,讨论了单位缺货成本和产品的变质率对库存决策的影响。

张锦特等针对没有文献同时对季节性需求、允许缺货及资源限制之存货问题进行研究的现状,对季节性需求产品同时考虑缺货和受资源限制的存货管理问题进行了研究。

陈菊红等针对季节性产品供应链,制造商受到资源限制时边际成本递增以及面临缺货惩罚,构建了基于退货策略的协调模型。

张武康等基于惩罚和收益共享联合契约对由单个生产商、分销商和零售商构成的三级供应链协调问题进行了研究。研究表明,在惩罚契约状态下,供应的不确定性得到了降低,且生产商和分销商的收益均得到了提高;在收益共享契约状态下,分销商和零售商的收益均得到了提高,但无法降低供应的不确定性;在惩罚和收益共享联合契约下,不但提高了供应的可能性,同时也减弱了需求的不确定性,供应链整体及各成员收益均得到了提高。

综上所述,某些情况下,单独的收益共享契约或惩罚策略均可以实现供应链的协调,而在特殊情况下,需收益共享契约和惩罚策略联合起来才能够实现供应链的协调。

2.6　基于 Shapley 值法的供应链收益分配研究综述

Shapley 值法是由 L. S. Shapley 最早提出的,该方法主要用于解 n 人合作对策问题的一种数学方法。其基本思想是:为了满足市场需求,n 个成员企业共同从事某项活动,他们之中任意若干个成员企业组合的每一种合作形式,都能产生一定的收益,而当他们之间的收益活动呈现非对抗性时,合作中成员企业个数的增加将与收益成正比。此时,全体 n 个成员企业的合作将带来最大收益,Shapley 值法就是用来对整个最大收益的一种分配方案。

与基于供应链收益分配相关的研究有:郝海等运用 Shapley 值法对供

第 2 章 文献回顾与理论综述

应链的收益共享和风险分担机制进行了研究,给出了收益共享与风险分担的计算公式。

龚晓薇等将 Shapley 值法用于解决两级供应商管理库存(VMI)联盟的收益分配问题,给出了一种各成员企业均可接受且稳定的收益分配方案。

孙世民等在已有供应链收益分配研究成果的基础上,提出了"Shapley 值法为基础、多因素综合修正、理想点原理确定修正系数"的优质猪肉供应链上各成员企业收益分配研究思路和具体方法。

公彦德等针对联合定价策略,分别运用 Shapley 值法和相同利润增长率两种形式对合作带来的系统增益进行了分配,并对两种分配策略进行了对比分析。研究发现,当制造商为核心企业时,若非合作时制造商的利润小于零售商,则采用 Shapley 值法进行分配对制造商更有利,相反,若非合作时制造商的利润大于零售商,则采用相同的利润增长率进行协调对制造商更有利。

胡盛强等对由供应商、制造商、批发商与零售商构成的四级供应链的合作博弈问题进行了研究,运用 Shapley 值法相关概念及模型,对四级供应链合作的各方进行了利润分配并对分配结果予以检验,知其满足个体理性及整体理性,并达到了帕累托最优。

赵晓丽等结合煤电企业供应链的实际情况,运用 Shapley 值法和风险期望原理,建立了基于合作贡献和风险补偿原则确定的合作利益分配模型,该模型适合对长期合同、战略合作等合作利益分配。

基于 Shapley 值法的供应链的收益分配策略,避免了平均分配、吃大锅饭的现象,调动了供应链上各成员企业的积极性,但仅考虑贡献率这单一因素,显然具有片面性。

为此,马士华、戴建华等学者对 Shapley 值法进行了改进,分别引入技术创新激励指数和风险因子来修正基于 Shapley 值法的分配额。其中,马士华等在传统 Shapley 值法收益分配策略仅考虑贡献率的基础上,考虑到激励企业技术创新对提高供应链竞争力的重要性,引入技术创新激励指数,实现了对传统 Shapley 值法的改进,进一步对各成员企业的收益分配进行调整。戴建华等分析了基于 Shapley 值法收益分配策略的不足,引入了风险因子以实现对传统 Shapley 值法的修正。

当考虑多个影响因素则需要对各影响因素的重要程序进行区别,相关的研究主要有:王岳峰等在 Shapley 值法仅考虑贡献率的基础上,引入了风险、投资等因素,并分析了其对收益分配的影响,并运用 AHP 确定三种因素的权重,以实现对 Shapley 值法的提出。虽然较好地解决了上述因素对收益分配的影响,但鉴于 AHP 本身的局限性,它无法考虑贡献率、风险及投资三者之间的横向联系。针对这个问题,张捍东等综合考虑贡献率、风险、投资、社会环境和地理环境等因素对收益分配的影响,运用网络分析法并结合 Shapley 值法,提出了一种改进的收益分配策略。

基于 Shapley 值法的收益分配策略,避免了平均分配、吃大锅饭的现象,调动了供应链上成员企业的积极性,具有较高的合理性,但仅考虑贡献率单一因素对收益分配的影响。而在现实中,供应链收益分配协调受到多种因素的影响,如各成员企业的投资额、承担风险和创新等因素。

2.7 网络分析法

2.7.1 网络分析法的应用步骤

为了弥补层次分析法(AHP)的缺陷,1996 年,T L. Staay 在 AHP 的基础上提出了网络分析法(Analytic Network Process,ANP)。

因为在 AHP 结构模型中,影响因素间是按照层级结构排列的,并假设同层影响因素彼此间是独立的,且影响因素间不存在依赖或反馈关系。但是在现实复杂问题决策中,这一假设存在局限性,因而会影响 AHP 方法的应用。ANP 放宽了 AHP 中的这一假设,它以网络化的形式表示影响因素间的相互影响关系,考虑到影响因素间存在依赖或反馈关系的可能,因而与现实决策问题更加贴近。ANP 应用的主要步骤如下:

1. 确定目标与准则

首先从决策目标、决策准则和决策子目标,以及决策的参与者及其目标对问题进行详细的描述,并给出决策问题产生结果的所有可能。

2. 依据目标和准则构建 ANP 网络

ANP 将决策问题划分为两个层次:第一是控制因素层,包括决策问题的目标和准则。所有的决策准则均被认为相互之间是独立的,且仅受决策目标的支配。控制因素中可以没有决策准则,但至少有一个决策目标。控制层中每个决策准则的权重均可运用传统 AHP 计算获得;第二为网络层,网络层是由所有受控制层支配的元素集组成,其内部是各元素集间互相影响的网络结构,图 2-1 就是一个典型的 ANP 结构。

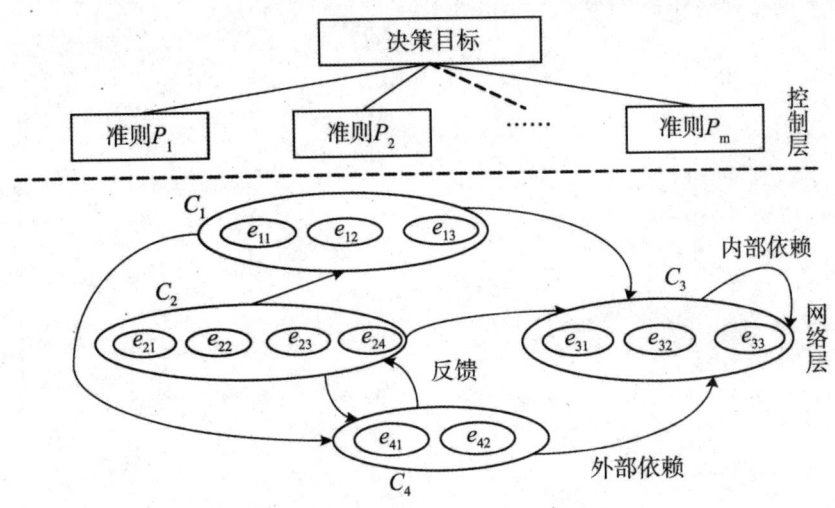

图 2-1 典型的 ANP 结构

图中，C_i 表示元素集；e_{ij} 表示元素；连线表示元素间的关系，包括内、外依赖关系和反馈关系，箭尾元素集中的元素影响箭头元素集中的元素。

3. 构建未加权超矩阵

在 ANP 结构中的每一控制准则下，构建未加权超级矩阵 W_i。在构建超级矩阵 W_i 的过程中，运用两两比较方法，首先将控制层中的准则 $P_s(s=1,\cdots,m)$ 作为主准则，以网络层中某一元素集 C_j 中的元素 $e_{jl}(l=1,\cdots,n_j)$ 为次准则，按照元素集 C_i 中各元素对元素 e_{jl} 的影响程度，判断矩阵 P_s 如下：

e_{jl}	e_{j1}	e_{j2}	$\cdots$	e_{jn_i}	归一化特征向量
e_{j1}					$w_{i1}^{(jl)}$
e_{j2}					$w_{i2}^{(jl)}$
$\vdots$					$\vdots$
e_{jn_i}					$w_{in_i}^{(jl)}$

运用特征根法可求得排序向量：$(w_{i1}^{(jl)},\cdots,w_{in_i}^{(jl)})^T$。依次将元素集 C_j 中的各元素作为子准则，将元素集 C_i 与元素集 C_j 中的元素两两比较，构造各自的判断矩阵，最后将各判断矩阵的归一化特征向量汇总到一个矩阵 W_{ij} 中，则矩阵 W_{ij} 表示元素集 C_i 中元素与元素集 C_j 中的元素间的影响关系。以 P_s 为主准则，依次将各元素集中元素间的内外影响关系进行比较，

可获得未加权超级矩阵 W_s：

$$W_s = \begin{bmatrix} & & C_1 & & & C_2 & & \cdots & & C_N & \\ & & e_{11} & e_{12} & \cdots & e_{1n_1} & e_{21} & e_{22} & \cdots & e_{2n_2} & \cdots & e_{N1} & e_{N2} & \cdots & e_{Nn_N} \\ C_1 & \begin{matrix} e_{11} \\ e_{12} \\ \vdots \\ e_{1n_1} \end{matrix} & & W_{11} & & & & W_{12} & & \cdots & & W_{1N} & \\ C_2 & \begin{matrix} e_{21} \\ e_{22} \\ \vdots \\ e_{2n_2} \end{matrix} & & W_{21} & & & & W_{22} & & \cdots & & W_{2N} & \\ \vdots & & & \vdots & & & & \vdots & & & & \vdots & \\ C_N & \begin{matrix} e_{N1} \\ e_{N2} \\ \vdots \\ e_{Nn_N} \end{matrix} & & W_{N1} & & & & W_{N2} & & \cdots & & W_{NN} & \end{bmatrix}$$

其中, $W_{ij} = \begin{bmatrix} w_{i1}^{(j1)} & w_{i1}^{(j2)} & \cdots & w_{i1}^{(jn_j)} \\ w_{i2}^{(j1)} & w_{i2}^{(j2)} & \cdots & w_{i2}^{(jn_j)} \\ \vdots & \vdots & & \vdots \\ w_{in_i}^{(j1)} & w_{in_i}^{(j2)} & \cdots & w_{in_i}^{(jn_j)} \end{bmatrix}$。

同理可得，以控制层中其他准则为主准则，分别构造未加权超级矩阵，共有 m 个超级矩阵。

在未加权超级矩阵 W_s 中，列不是归一的，只是各个子部分 W_{ij} 是列归一的，因而超级矩阵 W_s 无法显示各元素的优先程度。因此，还需要对网络层中的各元素集间进行两两比较，以使得未加权超级矩阵转化为加权超级矩阵。

4. 构建加权超矩阵

以控制层中的 $P_s(s=1,\cdots,m)$ 为主准则，对网络层中的元素集进行两两比较，构造判断矩阵 a_j，并进行归一化处理，得归一化特征向量 $(a_{1j},a_{2j},\cdots,a_{Nj})^{\mathrm{T}}$。

$$a_j = \begin{array}{c} \\ C_1 \\ C_2 \\ \vdots \\ C_3 \end{array} \begin{bmatrix} C_j & C_1 & C_2 & \cdots & C_n \\ a_{11}^j & a_{12}^j & \cdots & a_{1N}^j \\ a_{21}^j & a_{22}^j & \cdots & a_{2N}^j \\ \vdots & \vdots & & \vdots \\ a_{N1}^j & a_{N2}^j & \cdots & a_{NN}^j \end{bmatrix} \rightarrow \begin{array}{c} \text{归一化特征向量} \\ a_{1j} \\ a_{2j} \\ \vdots \\ a_{Nj} \end{array}$$

第 2 章 文献回顾与理论综述

据此可得在控制层中某一准则下反映网络层中元素集间影响关系的权重矩阵 A_s：

$$A_s = \begin{bmatrix} a_{11} & \cdots & a_{1N} \\ \vdots & \cdots & \vdots \\ a_{N1} & \cdots & a_{NN} \end{bmatrix}$$

利用权重矩阵 A_s 就可以求得加权超级矩阵，即用权重矩阵 A_s 乘以未加权超级矩阵 W_s，则加权超级矩阵 W_s^w 为：$W_s^w = A_s W_s$。

5. 求得极限超矩阵

在传统的 AHP 方法中，各影响因素间是相互独立的，判断某一决策准则下两影响因素的优先程度只需对两影响因素直接比较即可确定。但在 ANP 方法中，由于考虑到反馈和依赖关系的存在使得影响因素优先程度的确定过程复杂起来。在 ANP 中，影响因素间的比较通常存在两种方式：直接优势度，给定一个准则，直接比较两影响因素对该准则的重要程度；间接优势度，给出一个准则，在该准则下对两个影响因素进行比较。其中，前一种比较适用于元素间互相独立的情形，第二种比较适用于元素间互相依存的情形。

由于影响因素间存在依赖与反馈关系，因而归一化的处理过程是一个反复迭代、趋稳的过程。因而，在 ANP 中，要通过求极限矩阵的方法确定稳定的元素优先程度。极限矩阵为：

$$W_s^l = \lim_{k \to \infty} W_s^k$$

式中，W_s^l 表示极限超矩阵，W_s^k 表示加权超级矩阵。

求极限超矩阵的过程是一个反复迭代、趋稳的过程，相当于 Markov 过程。因网络中的元素相互作用的形式不同，极限超矩阵可能出现两种结果：一种是矩阵的所有列数值是一样；第二种情况是分块的极限循环矩阵。在极限超矩阵 W_s^l 中，每一列数值则是在准则 P_s 下各元素对该列所对应元素的极限相对优先权。

2.7.2 网络分析法应用研究综述

网络分析法在复杂问题决策中得到了广泛的应用，如王莲芬对 ANP 的基础模型与理论进行了探讨，并对 ANP 反馈结构的几种典型超矩阵及其极限排序向量进行了分析，针对循环系统提出了极限排序向量简单而有效的计算方法。

针对新技术产业高度不确定性的特点，黄鲁成等通过德尔菲法调查构建了信息技术产业化潜力评价指标体系,并给出了ANP在该评价指标体系权重计算中的应用过程。

针对供需协调绩效评价问题,陈志祥构建了基于物流协调、信息流协调、资金流协调、工作流协调的评价指标体系,运用ANP,并考虑各指标间的相互影响与制约关系,建立了指标非线性组合关系的多指标综合评价决策模型与算法。

宫俊涛等首先将ANP的应用步骤精炼为八步,然后建立了供应商选择的评价指标体系,结合供应链的选择给出ANP的应用步骤。

贺竹馨等结合某公司组建物流联盟盟员选择的实际问题,建立了基于ANP理论的选择模型,研究结果表明,加权超矩阵在Superdecision求解的基础上可以快速收敛,得出各种方案的优先顺序。

孙传娇等给出三种具有代表性的快速公交系统方案,依据经济因素、社会因素和其他因素三个方面十一个指标,运用ANP对指标体系进行分析,研究结果表明ANP有效集成了各影响因素间的依赖和反馈关系,使得方案决策过程更加合理和科学。

王征等运用ANP对新产品设计决策问题进行了研究,将不同决策准则按照新产品战略的重要性进行排序,根据排序后的准则对比竞争产品与初步设计的产品,以据此找出新产品设计上的不足,并提出了改进方案。

张捍东等将ANP用于动态联盟风险评价中,并给出相关算法以及评价指标的选择方法。

ANP实现了对AHP的改进,它以一种扁平的、网络化的方式表示影响因素之间的相互关系,允许影响因素之间存在相互依赖关系和反馈关系,与实现决策问题更为接近。

参考文献

[1]王圣东,周永务.带有两种营销模式的供应链合作广告协调模型[J].系统工程学报,2008.23(6):674-682.

[2]任锡源,李先国.交叉销售[J].北京:中国社会科学出版社,2004.

[3]李晓静,艾兴政,唐小我.基于交叉销售的竞争供应链纵向契约研究[J].管理科学学报,2016,19(10):117-126.

[4]刘晓冰,翟坤,宋旭东,蒙秋男.钢铁企业交叉销售模型的研究与应用[J].系统工程,2006,26(9):9-14.

[5]汪涛,崔楠.金融业的交叉销售研究——实施过程、案例及探讨[J].管理科学,2005,18(6):59-66.

[6]王卫平,吴伦.协同过滤在 CRM 交叉销售中的应用研究[J].管理学报,2007,4(4):436-441.

[7]Jiawei Han,Micheline Kamber 著,范明,孟小峰译.数据挖掘概念与技术[M].北京:机械工业出版社,2007.

[8]陆丽娜,陈亚萍,魏恒义,杨麦顺.挖掘关联规则中 Apriori 算法的研究[J].小型微型计算机系统,2000,21(9):940-943.

[9]王莲芬.网络分析法(ANP)的理论与算法[J].系统工程理论与实践,2001,21(3):44-50.

[10]陈志祥.基于 ANP 理论的供需协调绩效评价模型与算法[J].计算机集成制造系统,2004,10(3):286-291.

[11]宫俊涛,刘波,孙林岩,赵鹏.网络分析法(ANP)及其在供应商选择中的应用[J].工业工程,2007,10(2):77-83.

第 3 章　案例分析

3.1　国外服务型制造案例

欧美传统制造型企业向服务型制造转型分为三个阶段:初级阶段、中级阶段和高级阶段,其中,初级阶段,即纯粹的产品销售仍是企业的主话题,也是利润最大的来源,围绕产品的服务也仅仅限于产品售出后被动等待客户需要的服务,企业仅仅把服务带来的利润看作是产品销售带来的副产品;中级阶段,制造企业沿着价值链向两端延展,主动探索客户潜在需求,为客户提供增值服务,提升客户的产品满意度,服务部分在产品价值构成比重逐步上升,成为企业重要的利润来源,以及与客户形成紧密关系的桥梁;高级阶段,制造企业以其成熟的企业运营管理经验为核心,向客户提供专业化服务,成为纯粹的服务商。

3.1.1　罗尔斯·罗伊斯公司

罗尔斯·罗伊斯(又称劳斯莱斯)是英国著名的航空发动机公司,也是全球最大的航空发动机制造商,它研制的各种喷气式发动机广为世界民用和军用飞机所采用。罗尔斯·罗伊斯的发动机为 30 多种机型提供动力,全球有 1 万 4 千多台发动机正在服役。每 2.5 秒就有一架装载罗尔斯·罗伊斯发动机的飞机起飞或降落。

在 20 世纪 90 年代以前,民用喷气式飞机发动机包含的零部件超过 1 万个,使用寿命通常在 20~25 年左右,每部发动机每隔 5 年就需要拆解进行全面维修,每次维修的费用超过一百万美元,而同时飞机的发动机结构异常复杂,恶劣的使用环境使得飞机发动机极易受到损坏。所以,在飞机发动机使用期间的维修费用,远超于飞机发动机购买时的成本费用。并且,航空公司大部分都是自己投入巨额资金,建立飞机维护设施和飞机零部件供应链管理部门,以保障航空公司服役飞机保持良好的状态。进入 90 年代后,航空公司面对着日趋激烈的竞争压力,再也无法负担高昂的飞机维护费用,都迫不及待地想方设法抖掉这个包袱。

在充分了解到客户的需求后,罗尔斯·罗伊斯开始着手建立一套全新的服务支持体系,不断延展服务价值链,推出了全面维护服务(Totalcar)。

全面维护服务为航空公司提供了一整套的售后服务方案,不但包含传统的维修服务,还整合了新型的增值服务,形成一种模块化的服务包组合方案。这样,优秀的数据分析能力,成熟的供应链体系,出色的成本控制能力以及世界顶尖的技术,使得罗尔斯·罗伊斯公司能为客户提供高性能的发动机产品,并且最大程度减少潜在故障带来的损失,帮助客户实现风险转移。

近年来,罗尔斯·罗伊斯公司通过改变运营模式,扩展发动机维护、发动机租赁和发动机数据分析管理等服务,通过服务合同绑定用户,增加了服务型收入。公司销售的现代喷气发动机中55%以上都签订了服务协议。

罗尔斯·罗伊斯率先通过发掘客户需求,拓展售后部门支持能力,为客户提供解决方案式售后服务,由传统成本中心,转变为重要的盈利中心。服务内容由传统的产品安装、调试、维修及备品备件服务,拓展到设备检测诊断、长期维护保养、实时远程监控和检修、设备更新及升级改造、顾问咨询服务和客户培训等。

3.1.2 通用电气

通用电气公司是世界上最大的多元化服务性公司,从飞机引擎、发电设备到金融服务,从医疗造影到电视节目的塑造,公司致力于通过多项技术和服务创造更美好的生活,不断创新、发明和再创造,将创意转化为领先的产品和服务。

通用电气公司20世纪80年代在全球24个国家共拥有113家制造厂,其产值中传统制造产值的比重高达85%,服务产值仅占12%。而目前,通用电气的"技术+管理+服务"所创造的产值占公司总产值的比重已经达到70%。这个转变的根源在于韦尔奇实施的新服务战略,大力发展通用电气的资本服务公司,为通用电气的工业部门提供了成长动力。通用电气的产品包罗万象,从电冰箱、照明灯,到飞机引擎等都在其生产范围内。

目前,资本服务公司的经营范围还在不断扩大,已经开始涉足于计算机服务业和人寿保险行业。这些数据可能不是最新的,但这些数据已经充分说明了通用电气服务业发展的强大规模。资本服务公司作为通用电气的子公司,它是如何回报通用电气的呢?那就是提供大批有价值的客户。资本服务公司为通用电气旗下其他子公司的客户(如航空公司、电力公司和自动化设备公司)提供大量贷款,以帮助这些子公司,为其与客户签订大宗合同铺平道路。如1993年,洲际航空公司濒临破产,资本服务公司为其提供贷款,使洲际航空公司恢复生机,重返蓝天。随之而来的便是雪花般的订单飞向通用电气的子公司飞机引擎公司——洲际航空公司购买通用电气的飞机引擎。

3.1.3 米其林

米其林集团是全球轮胎科技的领导者,自1889年发明首条自行车可拆卸轮胎与1895年发明首条轿车用充气轮胎以来,在轮胎科技与制造方面发明不断。除了轮胎以外,米其林集团还生产轮辋、钢丝、移动辅助系统(如PAX系统)、旅游服务(如ViaMichelin、GPS)、地图及旅游指南,其中地图与指南出版机构是该领域的领导者。

米其林公司的发展策略之一就是将服务视为销售的新动力。近年来,随着产品售卖渠道的多元化,产品竞争越来越沦为单纯的价格竞争。引进驰加店是其服务策略之一。驰加店是米其林在全球推出的轮胎零售服务网络品牌,拥有统一的店面形象和服务标准。在整洁明亮的零售店中,不仅摆放着米其林的轮胎和润滑油,还配有改装件、蓄电池、车内装饰、驾驶眼镜等多种与驾驶相关的产品。在驰加店里,米其林除了提供轮胎更换、四轮定位、调位等服务外,还能提供快修保养、车辆清洗、汽车美容等服务。据了解,驰加店网络中销售的米其林轮胎数量几乎能占到整个米其林零售网络的三分之一。

3.2 国内服务型制造案例

为贯彻落实《中国制造2025》关于发展服务型制造的战略部署,按照《发展服务型制造专项行动指南》目标要求,工业和信息化部组织开展了服务型制造示范遴选,将以《发展服务型制造专项行动指南》的重点行动为导向,分批次有序实施。示范遴选将聚焦供应链管理、产品全生命周期管理、总集成总承包服务和信息增值服务等领域,遴选一批示范企业、示范项目和示范平台。截至目前,已有63家企业入选服务型制造示范企业,其中,第一批30家,第二批33家。

3.2.1 海尔集团

海尔集团创业于1984年，目前被誉为全球大型家电第一品牌，是全球最大的家用电器制造商之一，大型家电零售量7次蝉联全球第一。海尔的发展历程可谓是服务转型和组织结构变革的典型代表。海尔早期以卓越的售后服务著称，为用户提供良好的配送、安装、维修维护等服务；2007年宣布转型为服务型企业，2007—2012年实行以"自主经营体"为载体的人单合一双赢模式。

在国内制造企业对于大规模定制还处于观望摸索阶段的时候，海尔已给出了自己的解决方案。海尔打造的工业互联网平台COSMOPlat，就是实现大规模定制的平台。COSMOPlat的出现，颠覆了传统制造业中由企业主导的产品生产，形成了以用户需求为主导的全新生产模式，实现了用户在交互、定制、设计、采购、生产、物流、服务等环节的全流程参与，在整个过程中，用户既是消费者，也是设计者、生产者，把"产消合一"做到了实处。

用户的个性化需求对应了高精度，大规模标准化制造代表了高效率。COSMOPlat的成功之处在于，它将高精度和高效率两个看似矛盾的存在实现了无缝衔接。COSMOPlat凭借精准抓取用户需求的能力，让工业领域的大规模定制成为可能，抢先进入了大规模定制的"专场"。这种用户需求驱动下的生产模式革新是震撼的，也是制造业前所未有的，最大程度契合了未来消费需求的大趋势。

COSMOPlat不仅让用户进入到大规模定制的全流程中来，从而实现产品迭代到体验迭代的按需生产。同时，作为一个开放性平台，COSMOPlat提供社会化服务，利用外部接口将硬件、软件等各资源囊括到平台上来，让所有有志于转型升级的制造企业，都可以享受这种智能制造服务。海尔的目标，就是通过形成可复制的最佳经验，帮助接入的企业更快、更准确地向大规模个性化定制转型，深入供应链、生产流程内部，构建起"规模+个性化"的产业形态，减少试错成本、提升生产效率、降低库存压力，实现平台化共赢。

要想实现这种模式快速地复制，就需要把这种模式进行软化和云化，而COSMOPlat就是这样的智能制造云平台。海尔把自己互联工厂的核心业务模式资源共享上去，然后，通过COSMOPlat分享海尔的模式和资源，同时，千千万万家企业利用该平台提供的服务实现智能制造转型升级，实现行业内外共创共赢的生态架构。

目前，海尔COSMOPlat平台上已经聚集了上亿的用户资源，同时还聚合了300万+的生态资源，形成了用户与资源、用户与企业、企业与资源的三元价值交互矩阵。同时，海尔COSMOPlat的社会化服务输出也已取得成效，并在电子、汽车、装备等多个行业实现推广落地。

3.2.2 陕鼓集团

陕西鼓风机（集团）有限公司始建于1968年。如今，陕鼓已发展成为分布式能源领域的系统解决方案商和系统服务商。在全国运营9个气体厂、5个水处理厂、2个分布式一体化模式发电厂、1个全球首个能源互联岛全球运营中心及欧洲服务中心、印度服务中心、印尼工程代表处等12个海外机构。陕鼓是分布式能源领域的系统解决方案商和系统服务商，陕鼓的产品及服务广泛应用于石油、化工、冶金、空分、电力（包括核电）、城建（地铁）、环保、制药等国民经济的支柱产业领域。

从2001年开始，陕鼓开始从出售单一产品向出售个性化的透平成套机组问题的解决方案和出售系统服务转变。以陕鼓为宝钢提供的能量回收透平装置（TRT）工程成套项目为例，陕鼓向宝钢除提供传统意义上的TRT主机外，还提供了配套设备、厂房、基础及外围设施建设，提供高炉煤气余压余热回收发电功能。如果单卖产品，陕鼓只能拿到600万元的主机订单，主机部分最后将产生176万的效益；但是陕鼓通过提供系统解决方案，最终签订了3000万元的配套合同，配套部分产生的利润是473万。

系统解决方案本质上是一种个性化的解决方案，是陕鼓根据用户的不同需要，来定制不同的配置。这被称为工程成套服务，是指除为客户提供自产主机外，还要负责设备成套（包括系统设计、系统设备提供、系统安装调试）和工程承包（包括基础、厂房、外围设施建设），为客户提供更大范围的、系统的问题解决方案。

陕鼓通过项目管理部门，对工程成套的技术、进度、商务关系、用户现场、质量把关等各方面进行综合管理，对所涉及的各种相关利益方进行关系协调，最后通过一种合适的利益分配来实现预定的价值目标。这种项目管理模式，不仅可以对项目包实施有效管理和协调，还可以借助关系营销，拉动市场。陕鼓的项目经理和协调人员由于长期在施工现场为用户服务，很容易获取订货信息，并且与用户建立良好的个人关系，有利于公司的后续订货。

在工程成套"包"中，陕鼓以风机安装调试、检修、维修服务为核心业务，将非核心设备生产和工程承包任务进行外包，将低附加值的环节逐一放弃，只保留高附加值环节和自己最擅长的领域。这样，对陕鼓而言，用核心设备拉动了大市场，并且通过少量技术和管理人员获取可观的差额利润。实施

第 3 章 案例分析

工程成套前后对比,陕鼓的合同额增加到 4.5 倍,利润增加到 3.7 倍。同时,陕鼓整合了社会资源,为客户提供完整的问题解决方案,供货范围扩大,系统管理能力增强,可以与陕鼓进行竞争的企业大量减少,陕鼓获取订单的能力大幅度增强。

3.2.3 杭氧股份

杭州杭氧股份有限公司是国内最大的气体分离设备设计、制造成套企业,主要从事气体分离设备、工业气体产品和石化设备的生产及销售业务,属高新技术企业,拥有国家级企业技术中心,是我国重大技术装备国产化基地。空分设备以及工业气体广泛应用于冶金、化工、煤化工等领域。目前,公司已成功研制十万等级空分设备并投入运行,其性能指标达到国际先进水平。

利用在空分设备设计制造的优势,实现产业链的延伸,大力进军工业气体领域,加大发展工业气体产业的力度和步伐,在全国范围内投资设立多家专业气体公司,目前公司已发展成为国内最主要的工业气体供应商之一。

杭氧原是国内领先的空分设备制造商,在国内外空分市场竞争日益激烈的背景下,杭氧开始实施服务化战略。杭氧的服务化转型既是空分市场驱动,也是其顺应自身资源能力的发展路径。但杭氧在服务化转型过程中仍然面临了来自组织外部环境和企业内部的各种挑战,无论是激烈的市场竞争,资金募集,还是杭氧本身缺乏气体管理经验和完善的气体销售渠道,都让杭氧从制造业到服务化的过渡经受了巨大的困难。发展至今,杭氧实施服务化战略已有十余年,业务重心已逐步从空分设备生产转向气体供应,初步实现了服务化的成功过渡。

杭氧的服务化战略主要体现在设备安装、调试、维护等附加服务的增加和公司商业模式的转变。杭氧的商业模式转变具体表现为公司向客户提供的产品由空分设备转向气体供应,气体供应实际上意味着为客户直接提供其所需的最终结果,即由纯实物产品提供商转向基于实物产品的功能或结果供应商,这也是杭氧服务化战略实施的重要组成部分。换言之,发展气体服务是杭氧实现转型升级的主要战略,是从设备型制造向服务型制造的延伸。杭氧自 2003 年开始服务化战略以来,逐步形成了空分设备制造和工业气体运营相辅相成、互为支撑、共同提升的发展格局。公司主营业务收入的增长由设备销售收入的增长转向设备和气体销售收入的增长。

参考文献

[1]孙林岩,杨才君,高杰.服务型制造转型——陕鼓的案例研究[J].管理案例研究与评论,2011,4:257-264.

[2]谢文明,姜志斌,褚熠冰.服务型制造在传统制造业的应用——上海电气案例研究[J].工业工程与管理,2012,6:91-96+106.

[3]寿涌毅,王伟姣,Dmitrij Slepniov.制造业产品服务系统的价值链设计与重构——基于杭氧的案例研究[J].管理评论,2016,28(2):230-240.

[4]简兆权,刘晓彦,李雷.基于海尔的服务型制造企业"平台+小微企业"型组织结构案例研究[J].管理学报,2017,11:1594-1602.

第4章　产品服务化供应链基础理论分析

从产品服务化供应链的国内外研究现状分析可知,目前对产品服务化供应链的研究还处于探索阶段,鲜有文献对其进行系统和深入的研究。为此,围绕形成一个完整的产品服务化供应链基础理论框架这一主题,主要对其定义、结构模型、特征、产品服务化供应链与传统的供应链有何不同、运作模型,以及产品服务化供应链协调中的关键问题等问题进行系统和深入的研究。

4.1　产品服务化供应链的定义

与产品服务化供应链意思相近的词有"制造业服务化模式下的供应链"(R W. Schmenner,2009；H. Lockett 等,2011)、"产品服务融合下的供应链"(N. Slack,2005；T. Bains,2009)、"服务型制造网络"(何哲等,2008)。它们所指的意思基本相同,而产品服务化供应链这一名词直译自英文的"Product servitized supply chain",其定义仍然处于探索阶段,尚未有一个统一的定义。

早期的观点认为围绕客户对产品和服务的需求,在制造业服务化模式下的供应链中,产品供应链主要负责产品的提供,而服务供应链主要负责服务的交付(Slack 等,2004)。早期的概念已经意识到产品服务化供应链中产品供应链和服务供应链共存,但并没有考虑到产品供应链和服务供应链的相互作用。

进一步,M. Johson 等指出为了完成整个产品服务系统的交付,产品服务化供应链中产品供应链和服务供应链需要相互协作。可知,产品服务系统价值的创造和传递需要产品供应链和服务供应链相互协作后的共同完成。

而到了最近,产品服务化供应链的定义更注重围绕集成服务提供商的网链关系,也就是集成服务提供商与上游成员企业间关系和下游客户间的关系。如,针对集成服务提供商与上游成员企业间的关系管理,T. Bains 指出产品服务融合下的供应链中集成服务提供商,更应关注成员企业制造资源和服务能力的整合,以更好地为客户提供产品服务系统。

H. Lockett 指出现有的制造业服务化模式下供应链的研究主要是解决

集成服务提供商与下游客户之间关系的问题,而针对集成服务提供商与上游成员企业间关系研究则不够,实际上,集成服务提供商与上游成员企业之间的关系管理也很重要,因为上游成员企业在产品服务系统创造和传递过程中扮演着重要的角色,其与集成服务提供商的合作关系将提高整个供应链的差异化竞争优势。

上述定义更注重产品服务化供应链中集成服务提供商与上游成员企业间和下游客户间的关系管理问题。

此外,有些学者认为产品服务化供应链本质上是条"能力链",其下游渠道变短,集成服务提供商直接与客户接触。如,R W. Schmenner 认为制造业服务化模式下供应链中的集成服务提供商,整合上游成员企业的制造资源和服务能力后加强对营销渠道的控制,表现为直接面对客户。可见,产品服务化供应链管理本质上就是各成员企业间的能力合作管理。

综上所述,给出的定义是:产品服务化供应链是围绕核心企业(集成服务提供商),通过对物流、服务流、价值流、信息流、资金流的控制,从制造资源和服务能力的投入开始,中间经过客户参与以及各成员企业(集成服务提供商、产品供应商、服务提供商)间的相互合作,最后由"集成服务提供商"把"产品服务系统"交付给客户的将供应商(产品供应商和服务提供商)、分包商、集成服务提供商和客户连成一个整体的功能网络结构。

可知,产品服务化供应链是由产品供应链和服务供应链融合而成的,围绕产品服务系统价值的创造和传递,强调客户参与,各成员企业间相互提供生产性服务和服务性生产,以实现分散化制造资源和服务能力的有效整合,以及各成员企业核心竞争力的高度协同,从而实现产品服务化供应链自身收益增加和客户价值增值。

进一步可知,产品服务化供应链的运作过程本质上是基于各成员企业能力合作的过程。因此,产品服务化供应链管理的核心和关键问题就是能力管理。

4.2 产品服务化供应链的结构模型

产品服务化供应链自身是一个完整的系统,而系统论的核心思想是系统的整体观念。贝塔朗菲强调,任何系统都是一个有机的整体,它不是各个要素的简单相加,系统的整体功能是各要素在孤立状态下所没有的性质。

围绕产品服务系统价值的创造和传递,集成服务提供商对上游成员企业的制造资源和服务能力进行整合,以实现分散化制造资源和服务能力的系统优势,强调客户参与,以为客户提供完整的产品服务系统,共同追求产品服务化供应链自身收益的增加和客户价值的增值,确保产品服务化供应链系统的优化。

依据系统论的思想,在产品服务化供应链系统中,其"输入端"包括供应商的"有形的制造资源"和"无形的服务能力","中间转换过程"经过客户参与以及各成员企业间相互提供生产性服务和服务性生产等环节,"输出端"是完整和高效的"产品服务系统"。整个过程以集成服务提供商为核心,围绕产品服务系统价值的创造和实现,强调客户参与,各成员企业间的相互协作,共同追求更多的价值增值。

根据产品服务化供应链的实际运行情况,在一个产品服务化供应链系统中,有一个企业即集成服务提供商处于核心地位。集成服务提供商对产品服务化供应链上的物流、服务流、信息流、资金流和价值流进行调度和协调。产品供应链主要负责产品服务系统中有形产品部分的产品加工,服务供应链主要负责产品服务系统中服务部分(如市场调研、研发设计、售后服务、备品备件、升级改造、回收等)的提供,以及客户参与。在信息共享网络的基础上,"产品流"和"服务流"相互融合,产品服务化供应链上各成员企业间相互协作,共同完成产品服务系统价值的创造和传递。从这个角度出发,产品服务化供应链系统的结构可以具体地表示为图 4-1 所示的形状。

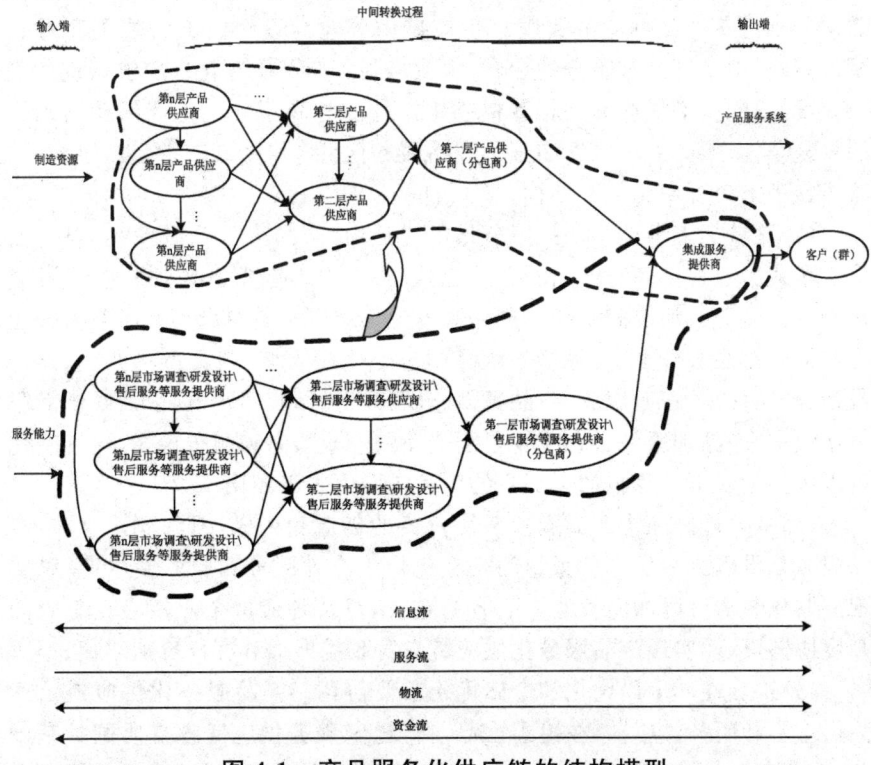

图 4-1　产品服务化供应链的结构模型

4.3 产品服务化供应链的特征

从产品服务化供应链的结构模型可知,产品服务化供应链网络由产品供应链网络和服务供应链网络融合而成的超网络供应链,这正符合"超网络"的思想。最早提出"超网络"概念的是 Y. Sheffi,美国科学家 A. Nagurney 等在处理交织的网络时,将高于而又超于现存网络("Above and beyond" existing networks)的网络,称为超网络(Supernetwork)。王众托等将超网络的特征归纳为多层、多级、流量的多维性、多属性、拥塞性、协调性等。依据超网络的思想,产品服务化供应链的特征归纳如下:

(1)">"型多级性。由于服务的不可分割性等固有属性,产品服务供应链的下游营销渠道缩短,具体表现为"集成服务提供商直接面对客户",并且在整个产品服务化供应链上,任何成员企业在给客户提供产品或服务时,均以"集成服务提供商"的身份。

而在产品服务化供应链的上游由产品供应链和服务供应链构成,能力需求分别沿着产品供应链和服务供应链由分包商逐级向上游成员企业分配。同时,由于产品和服务的融合,大大增强了产品服务化供应链系统的复杂程度,不同类型供应商间相互提供生产性服务和服务性生产活动增加了网络复杂性,服务的即时性增强了产品服务化供应链的动态性,以及服务的跨界性增加资源利用的复杂性。

(2)流量的多维性。产品服务化供应链由"产品流"和"服务流"融合而成。集成服务提供商对产品服务化供应链上的物流、服务流、信息流、资金流和价值流进行调度和协调。产品服务化供应链上各成员企业相互协作为客户提供产品服务系统,贯穿于产品的整个生命周期,涉及市场调研、研发设计、产品加工、售后服务、备品备件、升级改造、回收等环节,以及在产品服务系统中,产品和服务融合改变了制造业的产业形态和制造模式,这种变化可以概括为有形产品附加了更多的服务或发生了服务化。

(3)多属性。围绕产品服务系统价值的创造和传递,强调客户参与,产品服务化供应链上各成员企业间相互提供生产性服务和服务性生产,以实现分散化制造资源和服务能力的有效整合,以及各成员企业核心竞争力的高度协同,从而实现产品服务化供应链自身收益增加和客户价值增值。

(4)协调性。全局优化和个体优化需要协调。产品服务化供应链由产品供应链和服务供应链,在追求产品供应链和服务供应链各自协调的基础上,综合考虑产品供应链和服务供应链间的相互影响,共同追求产品服务化供应链的整体优化。

(5)整合性。产品服务化供应链在整合上游各成员企业的制造资源和服务能力后追求整个系统最优。而"外包"是产品服务化供应链主要的业务模式,产品服务化供应链上各成员企业间相互提供生产性服务和服务性生产,以达到各成员企业内部资源向核心竞争优势转移,其之间的联系更加紧密以实现共享资源,使得制造资源和服务能力在产品服务化供应链内优化动态分配。

(6)增值性。在产品服务化供应链中,产品供应链和服务供应链的相互作用创造了新的价值增值。而增值主要来源于产品服务化供应链中的服务属性,由以前仅关注产品功能生产,到关注客户需求服务,通过服务增值活动,使得依附于产品上的价值大大增加,单位产品价格提高,增强产品服务化供应链的获利能力。

(7)创新性。创新性来源于产品服务化供应链上各成员企业知识资源的整合和对客户需求信息的采集和处理。通过整合产品服务化供应链上成员企业分布式知识资源,以及在变化条件下的需求和研发设计信息的交互作用,不断产生适应新环境的知识信息,产品服务化供应链的创新能力也将有很大程度的提高。

4.4 产品服务化供应链与传统供应链的对比分析

随着服务的影响作用越来越重要以及制造企业对"客户满意"认识程度的深入,传统产品供应链体系也发生着改变,表现为具有一些服务行为和向服务领域的拓展。但是这些转变并不能完全表达产品服务化供应链中产品和服务相互融合的思想。若将传统产品供应链与产品服务化供应链进行混淆,误认为传统供应链考虑服务行为或向服务领域拓展就是产品服务化供应链,这将会掩盖产品服务化供应链这一新生事物的本质含义并影响其后续研究。

此外,服务供应链大多是指将产品供应链管理的思想应用到服务行业中去,如旅游和物流服务行业。此时旅游供应链或物流服务供应链追求的目的在于以低成本满足客户的需求,同样无法表达产品服务化供应链同时追求自身收益增加和客户价值增值的本质思想。

因此,有必要对产品服务化供应链与传统产品供应链和服务供应链进行辨析。接下来将从结构模型、盈利模式、关注对象、收益诉求和汲取机制、流动对象和协调对象等方面对产品服务化供应链与传统产品供应链和服务供应链的不同进行对比分析。

4.4.1 结构模型

产品服务化供应链的结构模型与传统产品供应链和服务供应链明显不同。其中,产品供应链由供应商、制造商、分销商、零售商直到最终用户连成的一个整体功能网络结构模式(马士华等,2006),如图 4-2 所示。

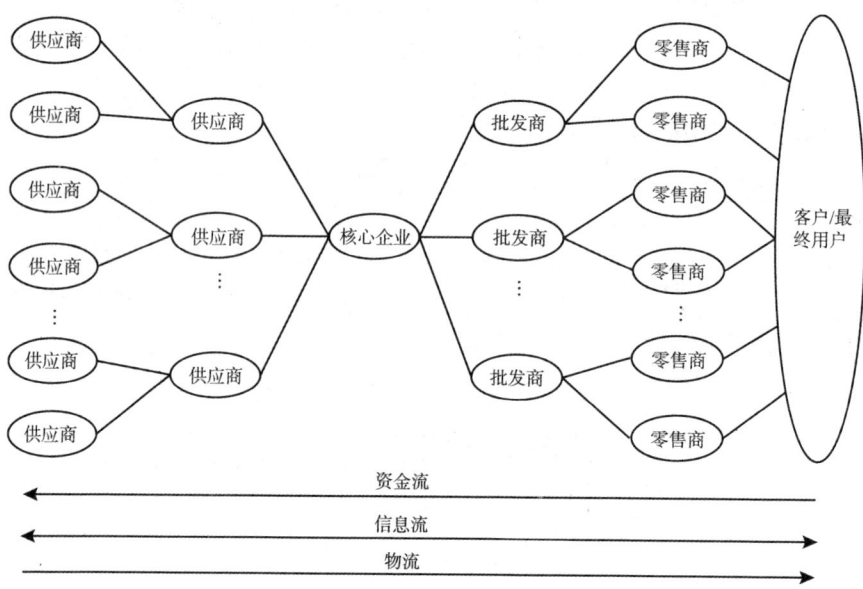

图 4-2　产品供应链的典型结构

而服务供应链是指从接受客户需求开始,通过协同运作,服务集成商以"服务解决方案"的形式将自身及服务供应商的服务传递给客户,最终满足客户需求而形成的,由客户、服务集成商和服务供应商组成的环式功能结构(付秋芳等,2010),如图 4-3 所示。

通过上述分析可知,产品供应链的结构一般为供应商的供应商—供应商—制造商(核心企业)—分销商—批发商—零售商—客户。与产品供应链相比,由于服务的不可分割性等特性,因而服务供应链的渠道通常较短,一般有三阶:服务供应商—服务集成商—客户。

从结构模型上看,产品服务化供应链与产品供应链的结构模型明显不同。与服务供应链有一定的相似性(下游环节),但上游环节两者区别很明显,产品服务化供应链上游存在相互作用的产品供应链和服务供应链。

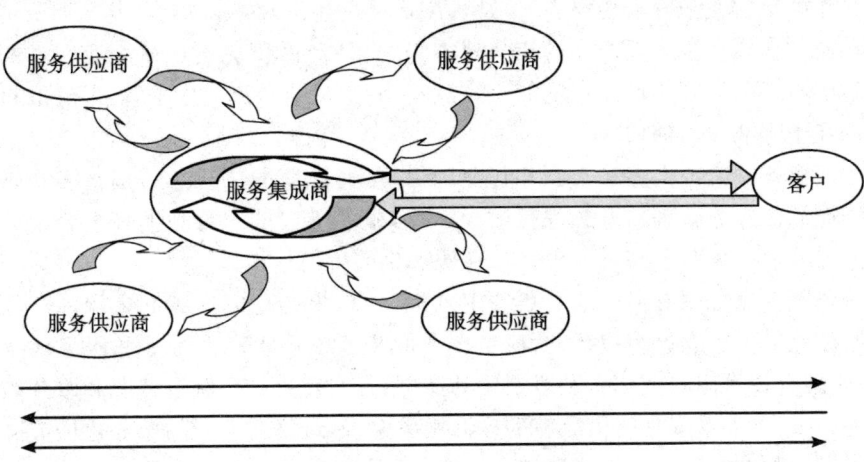

图 4-3　服务供应链的结构模型

此外,传统产品供应链和服务供应链主要关系稳定,围绕供应链内核心企业形成稳定的供需关系,即使这种关系发生调整和变化,其变化的幅度和程度也不会很大。而产品服务化供应链更多强调客户参与的主动性,侧重于推动型运营模型。

可见,与传统产品供应链和服务供应链相比,产品服务化供应链的结构模型发生了很大的变化,具体表现为:

(1)成员企业面临的交互活动和联系多样化复杂化:传统产品供应链和服务供应链上的成员企业主要满足供应链上核心企业的连续性需求。而产品服务化供应链为客户提供产品服务系统,其内容更加丰富和多样化,注重客户参与,各成员企业间相互提供生产性服务和服务性生产,共同完成产品服务系统的创造和传递。此外,传统产品供应链和服务供应链稳定的供需关系被更加灵活的制造资源和服务能力配置关系所取代,由链状结构模式转变为复杂拓扑关系结构模式。

(2)结构模型的动态化:传统产品供应链和服务供应链系统,虽然并非一成不变,但还是以静态链状模式为主。产品服务化供应链由于成员企业的功能和层次多样化,打破了传统供应链的静态结构模式,形成一种动态变化的拓扑结构模式。

4.4.2　盈利模式

传统产品供应链的盈利模式主要来源于对生产所需要原料准时准确地传递所产生的价值增值。在产品供应链中,制造企业(核心企业)与供应商合作的目的在于降低原材料、零部件和产品的生产成本,制造企业与下游销售商的合作在于降低产品的销售成本等,全体产品供应链成员企业合作的目的在于降低围绕产品产生的生产成本、库存成本和流通成本等,最终的目的在于降低产品的成本。

服务供应链大多是指服务行业的供应链,而服务供应链管理大多是基于产品供应链管理的思想进行的。因此,服务供应链的盈利模式主要来源于对客户所需服务即时准确地传递所产生的价值增值。

服务通常比有形产品有更高的利润,可以提供稳定的利润来源。产品服务化供应链通过客户参与,成员企业间相互提供生产性服务和服务性生产,融合技术驱动型创新和客户驱动型创新,实现分散化制造资源和服务能力的整合,以为客户提供完整的产品服务系统,最终实现产品服务化供应链自身收益增加和客户价值增值。

可见,相对于传统产品供应链和服务供应链,产品服务化供应链的盈利模式已从有形产品或单纯服务的提出转化为产品服务系统的提供。这导致了产品服务化供应链盈利活动的两个根本变革:

(1)延长盈利时间。在传统产品供应链和服务供应链中,与客户的交易大多是一次性,而产品服务化供应链中,与客户的交易转变为涵盖产品的整个生命周期。如转型前陕鼓动力主要为客户提供透平压缩机组、工业流程能量回收装置、透平鼓风机组等产品及其相应的售后服务。转型后,陕鼓动力在为客户提供产品的基础上,在产品使用的过程中为其提供监控和监测等服务,以及在产品生命周期末期提供回收等服务。

(2)扩大盈利范围。传统产品供应链向客户主要提供单一的产品,服务供应链向客户提供单一类型的服务,而产品服务化供应链为客户提供产品服务系统,其涉及产品整个生命周期中各个阶段的业务活动,具体包括市场调查、研发设计、产品加工、售后服务、备品备件、升级改造、回收等活动。例如,在上述陕鼓动力业务模型转型的过程中,其为客户提供的服务范围扩大,则赢利范围也随之增大。

4.4.3 关注对象

传统产品供应链管理的核心问题是如何快速、准确、有效地将生产性材料提供给需要的成员企业。这降低了整个传统产品供应链的成本,保障了大规模生产的需求,但是忽略了各成员企业主动活动带来价值增值的可能性。

而服务供应链仅关注服务的提供。特殊服务行业的服务供应链为客户提供单一类型的服务,服务供应链上成员企业相互协作共同满足客户的需求。

相比于传统产品供应链仅关注生产性材料的提供,以及服务供应链仅关注服务的提供,产品服务化供应链关注的对象不再仅仅是有形产品或纯服务,关注的对象扩展到产品的整个生命周期。产品服务化供应链在流通过程中改变了产品属性与功能并提供相应的服务,产品服务化供应链自身收益和客户价值均得到提高。

可见,与传统产品供应链和服务供应链相比,产品服务化供应链的关注对象也发生了很大的变化,具体表现为:

(1)从"有形产品"或"服务"转移到"产品服务系统"。产品服务化供应链提供的产品服务系统中产品和服务共存且相互影响,服务在产品服务系统中居于主导地位。例如,早前IBM主要关注产品(主要指硬件设备等)的提供,随着IBM的服务化转型,其关注对象更多地集中在围绕产品衍生出的研发设计、升级改造和回收等业务活动上。

(2)关注对象的范围扩大。由有形产品或服务扩展到产品的整个生命周期,主要包括市场调查、产品开发与设计、产品加工、售后服务、备品备件、升级改造、回收等活动。例如,IBM转型前主要关注有形产品的提供,而实施服务化战略后,其关注对象由原来的有形产品扩大到产品的整个生命周期,包括设计、生产、售后、升级和回收等活动。

4.4.4 收益诉求和汲取机制

传统产品供应链和服务供应链面对买方市场环境,其收益分享机制是终端企业的利润获取沿传统产品供应链和服务供应链系统进行相应的扩散和分配。

而产品服务化供应链强调客户参与,以及各成员企业间相互提供生产性服务和服务性生产共同完成产品服务系统价值的创造、传递和实现。

可见,与传统产品供应链和服务供应链相比,在收益诉求和汲取机制方面,产品服务化供应链从两个层面实现了改变。从本质上讲,这种转变就是由原来的静态收益分享机制转变为动态的向下游成员企业汲取利润,最终实现面对客户的产品服务系统的满足,由"分享"利润到"创造"和"分享"利润,具体表现为:

(1)通过提供服务获取更多的价值:产品服务供应链通过为客户提供产品服务系统,实现向服务领域的拓展,为客户提供全方位、多层次、多阶段的产品服务系统,形成差异化竞争优势,获取更多的利润。

(2)上游成员企业向下游成员企业提供生产性服务或服务性生产主动汲取利润:产品服务化供应链中上游成员企业主动向下游成员企业积极主动提供生产性服务或服务性生产,以为自身获取更多的利润。

4.4.5 流动对象

传统产品供应链是围绕核心企业,通过对信息流、物流、资金流的控制,从采购原材料开始,制成中间产品以及最终产品,最后由销售网络把产品送到消费者手中的将供应商、制造商、分销商、零售商直到最终用户连成一个整体的功能网络结构模式。可知,传统产品供应链中的流动对象主要包括信息流、物流和资金流。

服务供应链是指从接受客户需求开始,通过需求分析和协同运作,服务集成商以服务解决方案的形式将自身及服务供应商的服务传递给客户,最终满足客户需求而形成的,由客户、服务集成商和服务供应商组成的环式功能结构。同样可知,服务供应链中的流动对象主要包括服务流、信息流和资金流。

从产品服务化供应链的定义可知,围绕产品服务系统价值的创造和传递,产品服务化供应链中的流动对象主要包括物流、服务流、资金流、信息流、价值流等。其中,服务流包括两个内涵:一是产品服务化供应链中各成员企业间相互提供的生产性服务和服务性生产;二是产品服务化供应链上各成员企业共同为客户提供服务。价值流是指持续不断地价值创造和增值过程。

可见,与传统产品供应链和服务供应链相比,产品服务化供应链中的流动对象也发生了变化,具体表现为以下两个方面:

(1)流动内容增多。传统产品供应链的流动对象主要有物流、信息流和资金流等三大流,服务供应链的流动对象主要有服务流、信息流和资金流等三大流。而产品服务化供应链中的流动对象主要包括物流、服务流、信息流、资金流和价值流,实现了"五流合一"。

(2)从制造或服务向制造和服务的转变。传统产品供应链中的流动对象主要是制造资源(原材料、半成品、成品等),服务供应链中的流动对象主要是纯服务的提供,未涉及有形产品。而产品服务化供应链为客户提供产品服务系统,其包含产品和服务,并且产品和服务间相互作用。

4.4.6 协调对象

传统产品供应链的协调主要通过对有形产品库存的调整和优化来实现的,协调的目的在于追求供应链自身收益最优。按照"协调的职能"可以将其分为:生产—采购协调、生产—分销协调、库存—分销协调。其中,一般认为"生产—采购协调"是解决如何确定订货量、订货时间等;"生产—分销协调"主要解决的是生产能力与库存控制策略的问题;"库存—分销协调"主要解决如何确定库存补给策略和配送计划,以使总的库存配送成本最小。

与传统产品供应链相比,由于服务的无形性、不可分割性等特性,服务供应链没有库存,更多的是服务能力准备,集成商与服务提供商间的协调本质上是服务能力的协调,但是该服务能力仅指纯服务能力,不包含有形产品部分。服务供应链协调主要解决的问题是"服务能力—需求"间的协调,其追求的目标是在满足市场需求的前提下,实现服务供应链自身收益的最大化。

从"流动对象"的对比分析可知,产品服务化供应链中的流动对象增加了服务流和价值流,以及从本质上产品服务化供应链的运作是基于各成员企业能力合作的过程。可知产品服务供应链的协调本质也是能力的协调,但是不同于服务供应链能力的协调,因为服务供应链中不包含有形产品部分。而产品服务化供应链的能力协调在下游表现为"能力营销",在上游表现为"能力分配与协作"。与此同时产品服务化供应链更注重客户的参与性,其协调的目标在于追求产品服务化供应链自身收益和客户价值的最优。

从上述分析可知,与传统产品供应链和服务供应链的协调相比,产品服务化供应链的协调发生了明显的改变,具体表现为以下两个方面:

(1)从"有形产品"协调到"能力"协调,但该能力包含制造资源和服务能力。从传统产品供应链协调主要围绕有形产品的库存来展开,协调的目标在于满足客户需求的前提下降低库存成本。对于服务供应链,虽说其是能力的协调,但本质上也是传统产品供应链协调的思想应用到服务供应链中,由有形产品的库存协调转移至能力准备上的协调。产品服务化供应链的协调,一是追求产品服务化供应链自身收益和客户价值的同时优化;二是上游各成员企业间的协调包含制造资源和服务能力的协调,复杂程度更高。

(2)由"降低成本"到"价值创造"。传统产品供应链和服务供应链的协调在于追求物流/服务流、信息流、资金流在供应链中的有效传递,减少信息不对称和不确定性带来的影响,从而实现供应链自身收益的最大化。而产品服务化供应链协调的目标在于加强产品服务化供应链上各成员企业间的有效协作,共同完成产品服务系统价值的创造和实现,实现产品服务化供应链自身收益和客户价值最大化。

总之,产品服务化供应链从结构模型、盈利模式、关注对象、收益诉求和汲取机制、流动对象、协调对象等均不同于传统产品供应链和服务供应链,是一种新型的价值创造模式,见表 4-1。

表 4-1　产品服务化供应链与传统产品供应链和服务供应链的不同

比较点	产品供应链	服务供应链	产品服务化供应链
结构模型	围绕少数核心企业(制造企业)的静态层级结构	以服务提供商—服务集成商—客户为主线的静态层级结构	以供应商(产品供应链和服务提供商)—分包商—集成服务提供商—客户为主线的动态拓扑结构
盈利模式	以有形产品为主要盈利手段	以服务为主要盈利手段	以依附在产品上服务增值为盈利手段
关注对象	原材料、中间产品、成品	服务能力	制造和服务能力
收益诉求和汲取机制	沿价值链静态分享	沿价值链静态分享	通过服务提供创造更多价值、上游成员企业向下游抢夺
流动对象	物流、信息流和资金流	服务流、信息流和资金流	服务流、价值链、物流、信息流、资金流
协调对象	原材料、中间产品、成品	服务能力	制造资源和服务能力

资料来源:作者整理

4.5　产品服务化供应链的运作模型

结合产品服务化供应链与传统产品供应链和服务供应链的不同,通过与传统产品供应链和服务供应链运作模型的对比分析,给出产品服务化供应链的运作模型。

供应链运作参考模型(Supply chain operations reference model,SCOR)和全球供应链论坛(Global supply chain forum,GSCF)模型是产品供应链运作模型研究成果中最具有代表性的。其中,1996 年由全球性非营利组织供应链委员会(Supply chain council,SCC)提出的供应链运作参考模型,是国际公认成熟的供应链建模体系。

经典的 SCOR 用层次化、模块化的标准流程来定义供应链,把其分为五个主要的管理过程:计划、采购、制造、配送、退货(退货包括原料退货和产品退货,原料退货退还原料给供应商,产品退货接受并处理从客户处返回的产品),如图 4-4 所示。

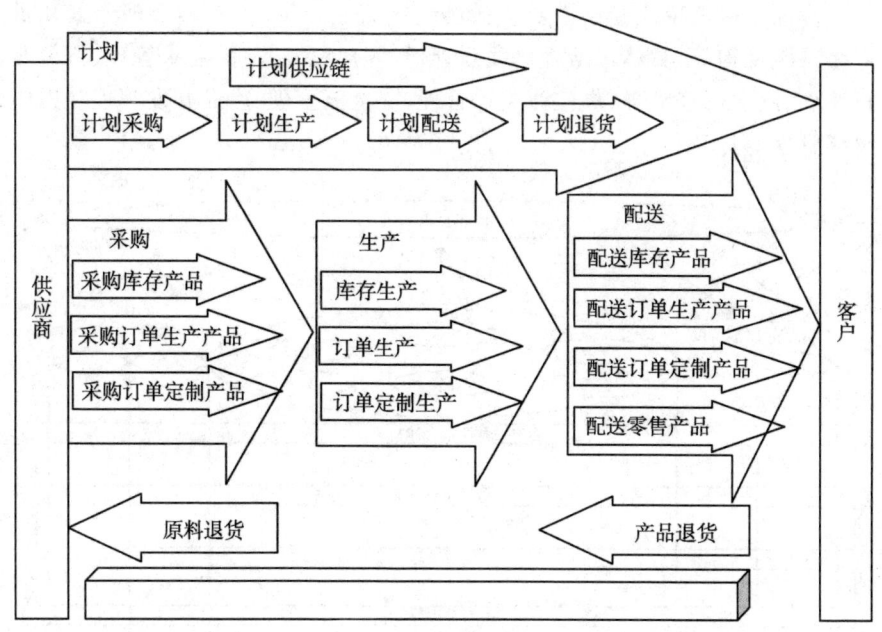

图 4-4　SCOR 流程

其中,计划涉及的基础问题包括自制/外包决策、供应链构建、长期能力和资源计划、企业计划、产品输入/输出、产品线管理等,此外还包括评估供应链资源、汇总和安排满足需求的次序、库存计划、评价分销需求、物流和关键能力等;采购涉及的基础问题包括供应商认证、外购件的质量、内部运输、供应商合同管理、货款支付等,以及还包括外购件/原材料的获取(接收、检验、存储等);制造涉及的基础问题包括工程变化、设施与设备、生产状态、车间作业计划、短期的生产能力等,以及生产作业涉及的活动:要求与接收物料、制造和测试产品、包装、储存与发货管理;配送涉及的基本问题包括流通渠道的商业规划、订货规则、库存管理、交货数量管理等,以及还包括需求管理、订单管理、仓储管理、运输管理、安装管理等活动。

SCOR 模型将具体作业与性能衡量指标相结合,定量分析整个供应链的运作性能,为供应链评价及快速确定改进机会提供了指导。

全球供应链论坛模型是供应链运作模型的另一典型代表。1992年，美国俄亥俄州立大学商学院兰博特博士创立了"全球供应链论坛"。基于全球供应链论坛的研究成果，兰博特博士于1997年同其他几位研究人员一道共同发表了"供应链管理远远不只是一个物流的新名字"一文，首次在全球范围内将供应链管理定义为一个全新的学术研究领域，并提出了一套完整的供应链管理的理论体系结构以及未来的发展方向。

全球供应链论坛模型主要包括供应链商业程序、供应链管理元素和供应链网络结构等，具体包括客户关系管理、客户服务管理、需求管理、订单履行管理、制造流程管理、供应商关系管理、资金流管理、产品开发管理和逆向物流管理等，如图4-5所示。

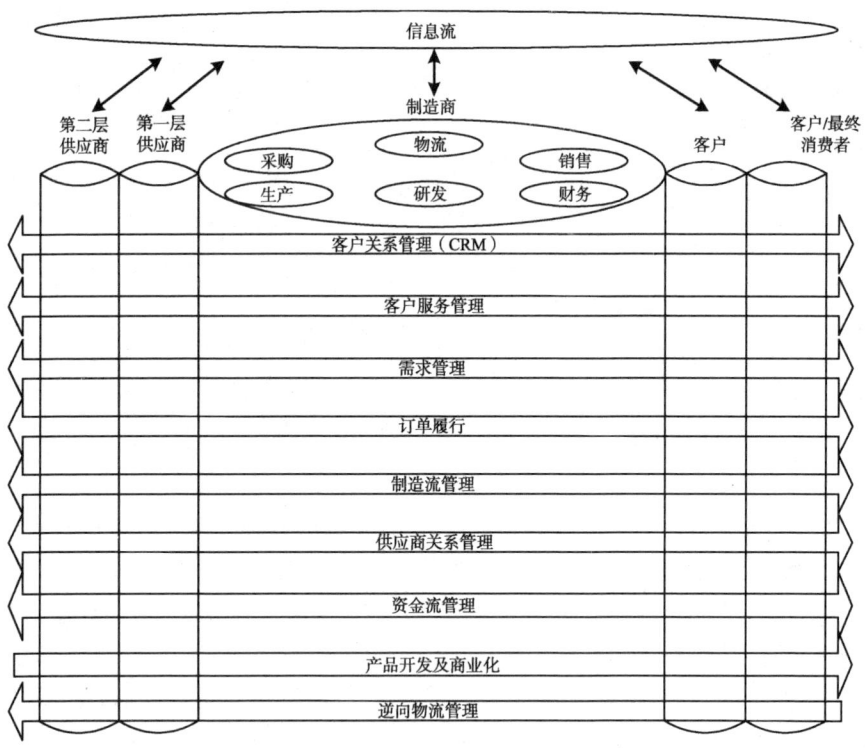

图 4-5　面向产品供应链管理的全球供应链论坛模型

以上所描述的 SCOR 和 GSCF 的共同点是都集中在对有形产品流的描述，显然不适用于服务供应链的运作模型。

针对服务供应链的运作模型，Lisa M. Ellram 等分析后指出 GSCF 的结构符合服务供应链的思想，但其中的关键流程并不适合服务供应链的运

第4章 产品服务化供应链基础理论分析

作模型。

Lisa M. Ellram 等进一步指出由于服务具有与有形产品本质区别的属性,服务供应链运作模式中的"能力管理"已经替代全球供应链论坛模型中"制造流管理",而能力管理是指为了满足市场需求,服务供应链中服务提供商必须在组织、加工过程、资产和人员等方面进行投资,同时服务提供商可以根据人员的性质和有效性选择不同的策略。最后指出服务供应链的关键流程应包含信息流管理、能力和技术管理、需求管理、客户关系管理、供应商关系管理、服务交付管理和现金流管理等,如图 4-6 所示。

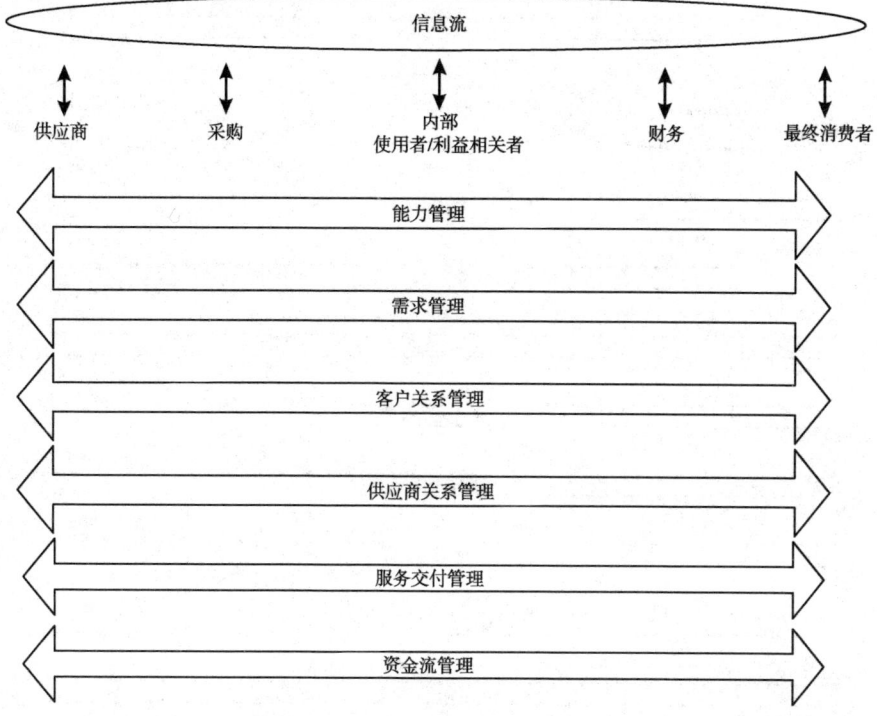

图 4-6 服务供应链运作模型

由于产品服务化供应链是产品供应链和服务供应链的集成,故产品服务化供应链的运作模型与产品供应链和服务供应链的运作模型均不相同。

其中,产品服务化供应链与产品供应链的区别主要是在后者的基础上增加了服务流,而服务流的完成最终依靠的是服务能力。服务流的效率水平取决于服务能力的管理水平,因此在产品服务化供应链运作模式中"能力管理"是非常重要的,但也不同于服务供应链运作模型中的能力管理。服务供应链大多指服务行业的供应链,其仅向客户提供服务。而在产品服务化供应链中同时存在服务流和制造流,所以产品服务化供应链运作模型中的"能力管理"是指制造资源和服务能力的管理。

此外,全球供应链论坛模型和服务供应链运作模型中的需求管理均针对某一特定对象,前者主要针对有形产品需求管理,后者主要针对服务需求管理。而产品服务化供应链为客户提供产品服务系统,故其运作模型中的需求管理重点解决产品服务系统的销售问题。此外,在产品服务化供应链运作模型中还存在客户关系管理、供应商关系管理、信息流管理、风险管理、订单交付管理、收益分配管理等,如图4-7所示。

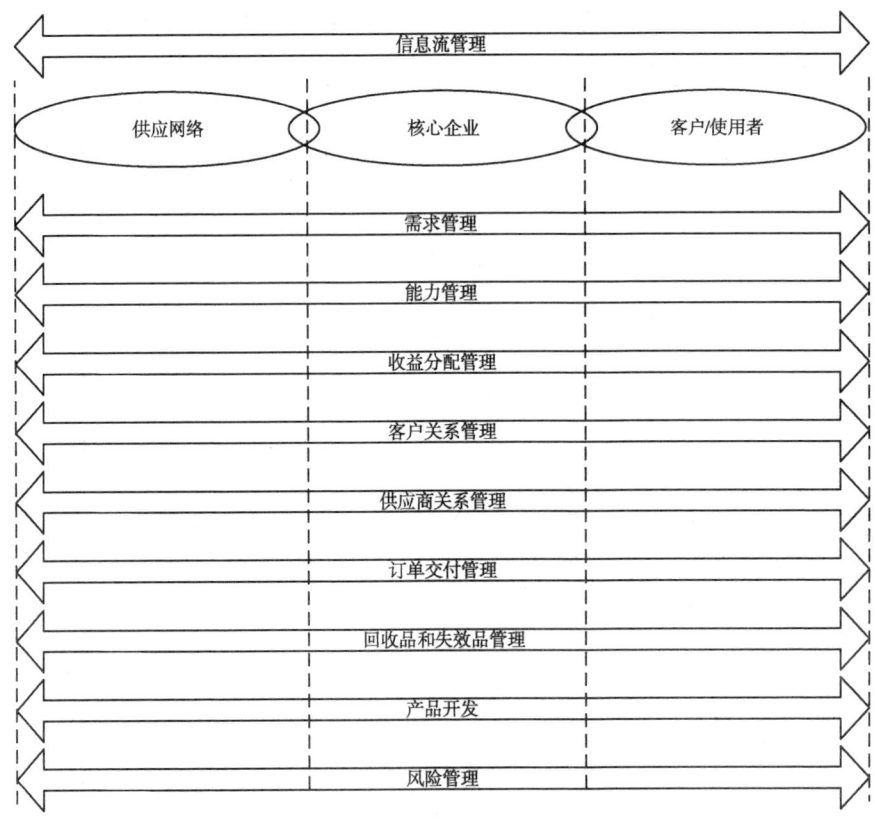

图 4-7　产品服务化供应链的运作模型

图 4-7 中各关键流程所包含的具体内容如下:

(1)信息流管理,在全球供应链论坛模型和服务供应链运作模型中,"信息流"被认为是供应链中连接不同参与主体的"媒介",而不是一种流程。但对产品服务化供应链来讲,信息流管理是其运作模型中的一个关键管理流程。因为它包含一系列活动如客户需求数据的获得、转移和处

第 4 章　产品服务化供应链基础理论分析

理等以及上游成员企业的能力供应信息,从而产生有利于管理其他关键流程的信息和知识。此外,产品服务化供应链强调客户参与以及各成员企业间相互提高生产性服务和服务性生产,需要及时、准确和完备的信息平台作为支持。因此,信息流管理在产品服务化供应链运作管理中占据着非常重要的地位。

(2)需求管理,是产品服务化供应链运作模型中的核心和关键问题之一。产品供应链向市场提供单一的同质产品,服务供应链为客户提供单一类型的服务,未涉及有形产品的提供。而产品服务化供应链为客户提供产品服务系统,贯穿于产品的整个生命周期,包括产品和服务,故其需求管理与传统产品供应链和服务供应链均不相同。

同时,产品服务化供应链强调主动性服务,主动将客户引进产品制造加工、应用服务过程中,主动发现客户需求,展开针对性的服务。因此,集成服务提供商需要挖掘客户潜在的需求,并实施相应的营销策略以促使客户接受整个产品服务系统。

(3)能力管理,其是结合全球供应链论坛模型中的"制造流管理"和服务供应链运作模型中的"能力管理"。在产品服务化供应链中,集成服务提供商整合上游成员企业的制造资源和服务能力,以更好地为下游客户提供产品服务系统。由于服务的固有属性,致使供应和需求两个方面均面临不确定性,这给集成服务提供商的调度和协调带来了很大的影响。当集成服务提供商不能满足客户需求将面临市场损失,以及为了确保服务能力的及时供应,集成服务提供商需要与供应商缔结长期的合作关系,这将增大集成服务提供商面临的市场风险。能力管理是产品服务化供应链运作模型中的另一个核心和关键问题。

(4)收益分配管理,由于构成产品服务化供应链的各成员企业是独立的经济实体,均以实现自身收益最大化为目标,收益分配的合理与否将直接影响产品服务化供应链的运行效率和稳定性。因此,设计合理的收益分配协调机制是产品服务化供应链运作模型中的另一关键和核心问题。围绕产品服务系统的创造和传递,对产品服务化供应链上游成员企业的要求更高,集成服务提供商和上游成员企业间的收益分配管理中,关注的范围从有形产品的提供扩展到更多服务方面的因素,如创新能力和响应时间等因素。

(5)客户关系管理,是指产品服务化供应链维持和发展客户关系的一系列活动。产品服务化供应链为客户提供的产品服务系统贯穿于有形产品的整个生命周期,包括理解客户需求、调整产品—服务协议满足他们的需求、维持关系和确保客户满意度。

客户关系管理是产品服务化供应链运作模型中的重要问题之一,其与传统产品供应链和服务供应链存在很大的区别,集成服务提供商与客户间的交易并不是一次性,两者关注的焦点不是有形产品的提供,更多地关注服务的提供,以及在这个过程中产品服务化供应链和客户价值的共同创造与实现。

(6)供应商关系管理,是指为管理和发展上游成员企业关系构建的网络。与产品服务化供应链运作模型中的客户关系管理一样,供应商关系管理涉及成员企业间的产品—服务协议的制订,其他的活动包括供应商的选择和评价。产品服务化供应链上各成员企业间相互提供生产性服务和服务性生产,其之间的联系更为频繁和紧密,强调相互协作共同完成客户的需求。

(7)订单交付管理,其是整合订单完成流程、GSCF模型中的"客户服务管理流程"以及服务供应链运作模型中的"服务交付管理流程"等三种流程的结果。对产品服务化供应链而言,围绕产品服务系统的创造和传递,订单交付流程包括客户需求订单接收与处理、创建传递订单的网络以及使网络运营传递订单。

(8)回收品和失效品管理,产品服务化供应链为客户提供的产品服务系统中涉及回收服务等活动。在产品的生命周期末,产品服务化供应链提供包含回收品的循环使用、再制造以及废弃等服务活动。

(9)产品开发管理,其是指结合客户参与和各成员企业相互协作的研发活动,是产品服务系统的一部分。在产品服务化供应链运作模型中,产品开发管理涉及客户和成员企业研发产品和服务并将它们引入市场的活动。

(10)风险管理,是全球供应链论坛模型和服务供应链运作模型中均未提到的唯一流程。由于产品服务化供应链面临不确定性增加,致使集成服务提供商面临"缺货"和"积压"的风险也随之增加,同时由于产品服务系统的复杂性,使得产品服务化供应链结构的复杂程度更高,这给产品服务化供应链的运作管理带来了很大的挑战,这无形中都增大产品服务化供应链面临的风险。

此外,产品服务化供应链的覆盖范围虽然超越了传统的制造及服务的范畴,表现为产品供应商向服务领域的拓展或服务提供商向制造领域的延伸,但它并不是追求纵向一体化,而是更多不同类型主体间的相互通过价值感知,主动参与到产品服务化供应链的协同活动中,在相互的动态协作中自发形成资源和能力最优配置,涌现出具有动态稳定结构的产品服务化供应链系统。

4.6 产品服务化供应链协调中的关键问题分析

与传统的供应链相同，协调是产品服务化供应链运作管理的关键和核心问题。但与传统产品供应链和服务供应链相比，其协调对象和目标发生了明显变化，这给产品服务化供应链协调问题研究带来了很大的挑战。面对这种形势，明确产品服务化供应链协调中的关键问题是需首先解决的重要问题。

产品服务化供应链在产品服务系统价值创造和传递过程中会涉及不同的环节，而产品服务化供应链协调的目的在于使该过程中的不同环节处于高效的协作状态。这正符合"过程管理"的思想，将产品服务化供应链创造和传递产品服务系统的过程分为不同环节，并实现不同环节间的有效协作。

过程管理方法具有与传统管理方法不同的哲理，其基本思想是从"横向"视角把企业看作为一个由产品研发、生产、销售、采购、计划管理、质量管理、成本管理、客户管理等业务过程按照一定方式组成的过程网络系统；根据企业经营目标，优化设计业务过程，确定业务过程，制定解决企业信息流、物流、资金流和工作流问题的方案；综合应用信息技术、网络技术、计划于控制技术和智能技术等技术解决过程管理问题。

依据过程管理的思想，从"横向"视角出发，可以将产品服务化供应链看作为一个由"能力营销"和"能力供应"等业务过程按照一定方式组成的过程网络系统。其中，能力营销是指集成服务提供商促使客户订购产品服务系统相关的活动；能力供应是指集成服务提供商整合上游成员企业的制造资源和服务能力后满足客户需求的过程。

进一步可知，能力营销业务活动主要涉及集成服务提供商如何促进客户订购更多种类和数量的服务；能力供应业务活动主要涉及为了满足客户对产品服务系统的需求，集成服务提供商如何进行能力分配，以及完成客户需求后，集成服务提供商和上游成员企业间的收益分配问题。具体分析如下：

(1) 产品服务化供应链营销协调机制设计。产品服务化供应链营销协调机制设计的目的在于促进客户订购更多种类和数量的服务。产品服务化供应链为客户提供产品服务系统，但刚开始客户未必了解和接受产品服务系统，因而营销协调机制是有效解决客户对产品服务系统认识和接受的重要环节，也是实现产品服务化供应链有效销售产品服务系统的重要环节。

(2)产品服务化供应链能力协调机制设计。产品服务化供应链能力协调机制设计实质上是解决能力分配的过程。由于服务自身的固有属性,致使产品服务化供应链在能力供应和客户需求两端均面临不确定性,如何设计出有效的协调机制以降低供应和需求不确定性带来的影响,提高产品服务化供应链的整体收益和客户价值是非常重要的。

(3)产品服务化供应链收益分配协调机制设计。产品服务化供应链收益分配协调机制设计是解决集成服务提供商和上游成员企业间的收益分配问题。与传统的产品供应链收益分配所参考的依据相比,产品服务化供应链收益分配更应该注重与服务相关的表现,如上游成员企业的创新能力和响应时间等因素。设计更加合理的收益分配协调机制以保证产品服务化供应链运作的稳定性和长期性。

4.7　本章小结

首先,本章给出了一个完整产品服务化供应链的定义,即产品服务化供应链是围绕核心企业(集成服务提供商),通过对物流、服务流、价值流、信息流、资金流的控制,从制造资源和服务能力的投入开始,中间经过客户参与以及各成员企业(集成服务提供商、产品供应商和服务提供商)间的相互合作,最后由"集成服务提供商"把"产品服务系统"交付给客户的将供应商(产品供应商和服务提供商)、分包商、集成服务提供商和客户连成一个整体的功能网络结构。

接着,依据"系统论"的思想,描绘出了产品服务化供应链的结构模型。在产品服务化供应链系统结构模型中,其"输入端"包括各成员企业的制造资源和服务能力,"中间转换过程"经过客户参与以及各成员企业间相互提供生产性服务和服务性生产等环节,"输出端"为完整和高效的产品服务系统。

其次,产品服务化供应链由产品供应链和服务供应链融合形成一个"超网络供应链"。依据超网络的思想,将产品服务化供应链的特征归纳为">"型多级性、流量的多维性、多属性、协调性、整合性、增值性、创新性等。

进一步,为了能够更深入地了解和掌握产品服务化供应链的思想,在结构模型、盈利模式、关注对象、收益诉求和汲取机制、流动对象、协调对象等六个方面将产品服务化供应链与传统产品供应链和服务供应链进行了对比分析。

在上述的研究基础上,通过与传统产品供应链和服务供应链运作模型的对比分析,给出了产品服务化供应链运作模型及其中的关键流程主要有需求管理、能力管理、收益分配管理、风险管理、客户关系管理等。

最后,基于"过程管理"的思想,将产品服务化供应链的活动主要分为"能力营销"和"能力分配与协作"两个环节。据此确定了产品服务化供应链协调中的关键问题:产品服务化供应链营销协调、产品服务化供应链能力协调、产品服务化供应链收益分配协调等。

参考文献

[1] 孙林岩,高杰,朱春燕,李刚.服务型制造:新型的产品模式和制造范式[J].中国机械工程,2008,19(21):2600-2604.

[2] 程东全,顾锋,耿勇.服务型制造中的价值链体系构造及运行机制研究[J].管理世界,2011,12:180-181.

[3] 姚树俊,陈菊红,赵益维.服务型制造模式下产品服务模块化演变进程研究[J].科技进步与对策,2012,9:78-83.

[4] 但斌,罗骁,刘墨林.基于制造与服务过程集成的产品服务供应链模式[J].重庆大学学报(社会科学版),2016,1:99-106.

第 5 章 产品服务化供应链营销协调机制设计研究

在下游营销环节,传统产品供应链主要为客户提供有形产品,服务供应链主要为客户提供服务,而产品服务化供应链为客户提供产品服务系统。此外,与服务供应链相似,产品服务化供应链下游环节直接面对客户,但提供的内容不同。这些变化给产品服务化供应链的营销协调活动带来了新的挑战。

目前国内外学者对产品服务系统的研究主要集中概念和分类等方面,但产品服务系统分类结果并不能直接用于指导产品服务化供应链的营销协调实践。如何让客户在已经购买产品的基础上订购更多的服务是产品服务化供应链营销协调需解决的关键问题之一。

交叉销售为产品服务化供应链营销协调实践活动提供了理论指导。此外,价格折扣策略促进客户购买一种有效的促销方式,为交叉销售的定价策略提供了指导。

综述所述,交叉销售为产品服务化供应链营销协调机制设计提供了理论指导,而数据挖掘中的关联规则分析是基于交叉销售的产品服务化供应链营销协调机制设计研究的技术支持,价格折扣策略为交叉销售价格的制定提供了指导。围绕产品服务化供应链营销协调机制设计这一研究主题,本章的主要研究内容有:产品服务化供应链客户需求的特征分析、产品服务系统价值模块的划分、产品服务系统不同价值模块间关联关系的识别、交叉销售价格策略的制定。

5.1 产品服务化供应链的客户需求特征分析

对客户的交易行为特征进行分析,并明确客户需求不同的表现形式,以及对客户选择的影响因素进行分析。

5.1.1 客户交易行为的特征

产品服务化供应链为了更好地为客户提供服务,减少消费者剩余,提供更多的让渡价值,首先需要对客户的交易行为特征进行分析,其特征可归纳为以下两个方面:

(1)客户直接与集成服务提供商接触。一般来讲,产品服务系统自身的价值比较大,而且具有较高的技术含量。客户除了对产品服务系统中有形产品的品种、规格和交货时间等方面提出具体要求外,更注重产品服务系统中服务的提供,因为服务在整个产品服务系统中居于主要地位,是价值增加值的主要来源。因此,集成服务提供商为了适应市场需求,往往采用"直销"的营销渠道。这一方面有利于集成服务提供商与客户间的直接交流和信息沟通,为客户提供更加完整和高效的产品服务系统;另一方面,有利于降低产品服务化供应链的营销成本,降低客户的搜寻成本,实现更多的客户价值让渡。

(2)客户需求涉及内容多、范围广。为了让产品高效的运转,以创造更多的价值,客户需要订购相关的服务作为支持。如在科学的研发设计方案可以提供产品运转的操作性;详细的培训可提高操作人员的技能水平;合理和科学的升级改造方案可进一步提供产品的性能;在产品的生命周期末,回收可实现再制造。可见,客户的需求贯穿于产品的整个生命周期,涉及内容多、范围广。

产品服务化供应链中,客户直接与集成服务提供商接触,对产品和服务均有需求,但会表现出不同的形式。为此,接下来将探讨客户需求的不同表现形式。

5.1.2 客户需求的表现形式

产品服务化供应链中,客户同时需求产品和服务,然而依据客户购买服务部分的支付在总支付中所占的比重,客户的需求分为产品主导型需求和服务主导型需求两种类型。

其中,在产品主导需求类型中,有形产品是交易的重点,服务依托于有形产品,是附带的交易。所提供的服务类型比较少、价值比较低,因而服务处于从属地位。服务提供的主要目的是提高产品的附加值;在服务主导需求类型中,服务是交易的重点。产品服务化供应链主要通过运用技能、知识等资源实现客户价值最大化。产品服务化供应链所提供的服务类型比较多、价值比较高。有形产品尽管仍扮演重要的角色,但是它只是服务的载体,其价值相对比较低并且依托于服务进行交易。

在产品服务系统中的产品和服务存在相互影响关系。例如,产品影响服务的定价(E. Manzini 等,2001);产品自身影响服务的销售,由于不同的产品所能够提供的服务功能不同,尤其是对客户满意度起关键作用的服务部分,进而影响到服务的销售(G L. Shostack,1982)。服务促进产品的销售(H. Mathe 等,1993);服务可以使产品更好地为客户创造价值的同时,创造出新的价值(M. Cook 等,2006);服务可以促进产品的改进,通过售后保修服务、人员培训、维修、保养、技术咨询等,企业能及时掌握客户对产品的要求,这样就可以将客户对产品的技术、质量、价格、设计的意见不断反映到新产品设计中,促进产品的改进(叶勤等,2002)。

产品服务化供应链营销协调目的在于促进客户订购更多的服务,但客户选择行为受到多种因素的影响。为此,接下来将探讨客户选择的影响因素。

5.1.3 客户选择的影响因素分析

客户选择受到多种因素的影响。众所周知,客户购买产品和服务的根源是客户的期望效用,即客户在购买产品和服务之前已经对消费效用进行了估价。

客户对不同的产品和服务组合有不同的估价,且它们之间的差异性很大,使得集成服务提供商无法对不同的产品和服务组合精确定价。然而由于对不同的产品和服务组合进行交叉销售,可以降低客户的支付意愿。根据大数定律,随着交叉销售产品和服务种类和数量的增加,客户对交叉销售中每个部分的估价的平均值越来越接近于每个部分的期望值,从而使得消费者剩余和净额外损失减少为零。客户从产品服务系统中获得效用最大化。

从图 5-1、图 5-2 可以看出,交叉销售可以降低消费者剩余(Consumer surplus,CS)和净额外损失(Dead weight loss,DWL),从而取得比单独销售更大的收益。

交叉销售要获益,关键是客户对产品和服务的组合要形成一致的估价。一致估价形成的难易程度,由客户估价的分布决定。所以,客户估价的分布式影响交叉销售定价的重要因素。客户估价分布越对称,就越容易形成一致的估价。

影响客户选择的其他因素还包括认知成本和客户预算。产品服务系统中,产品和服务组合规模的增大,客户需要花费大量的时间和精力去明确产品和服务的内容,这种认知成本会降低客户对产品和服务组合的价值评估,以及产品和服务组合的价格超过客户的最大预算时,客户也不会购买。

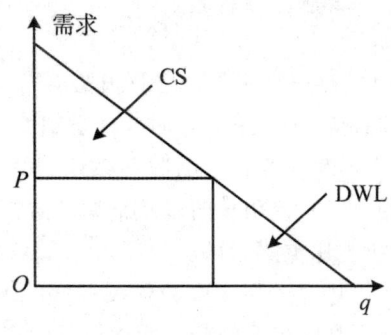

图 5-1　单独销售

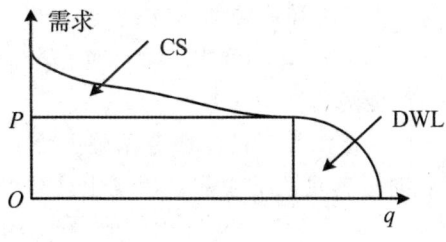

图 5-2　交叉销售

通过上述分析可知,产品服务化供应链中客户直接与集成服务提供商接触,同时需要产品和服务,但依据服务部分所占的比重,其需要表现为产品主导型和服务主导型两种形式。进一步分析指出,客户选择的主要影响因素包括客户的估价分布、认知成本和预算等方面。

对产品服务化供应链客户需求的特征分析是为了更好的设计营销协调机制,接下来将研究营销协调机制设计相关的问题。

5.2　产品服务系统价值模块的划分

交叉销售是指鼓励一个已经购买某企业产品 A 的客户继续购买与该产品相关联的产品或服务 B。可知,为了更好的实施交叉销售,该企业所能提供的内容有哪些是首先需解决的问题。即在产品服务化供应链中,首先明确其为客户提供的产品服务系统中包括哪些价值模块。

目前,关于产品服务系统划分的研究主要集中其分类上,国内外学者从不同的视角出发将其分为不同形式。例如,林文进等按"传统产品向产品服务系统的演变过程"将产品服务系统分为单一产品、产品及提供实现产品功能的服务,基于产品功能的服务捆绑,基于产品功能的服务拓展,提供全面解决解决方案。

Robin 按"目的不同"将产品服务系统分为结果导向、分享功效导向、以产品生命延伸为导向和以减少需求为导向四种类型。

Tukker 等依据"产品和服务在产品服务系统中的所占的比重大小"将产品服务系统分为产品导向、使用导向以及结果导向三类,并指出服务在该三类产品服务系统中所占比重逐渐增加。

高杰等根据"竞争优势对产品或服务依赖程度的不同以及交易过程中产权是否发生转移"将产品服务系统分为面向产品的产品服务系统、面向方案的产品服务系统、面向应用的产品服务系统和面向效用的产品服务系统。

A R. Tan 等依据"产品服务连续图谱理论"将提供商向客户提供产品服务系统的内容分为产品、产品与其使用中的服务、全生命周期的服务、与客户活动相关的服务和业务支持的服务等。

以上学者从不同的角度出发对产品服务系统进行了分类研究,其共同点都体现出了从产品向服务过渡的思想。但是上述研究分类结果过于笼统,难以直接用于指导产品服务化供应链的营销实践活动。例如,在实践活动中,某集成服务提供商面对一个已经购买其有形产品的客户,打算继续向该客户销售与已购买产品相关的服务,需要从产品服务系统中进行选择。此时,无论是"产品及提供实现产品功能的服务""面向方案的产品服务系统""分享功效导向",还是"使用导向"等分类结果均不能直接用于该选择活动。

而在现实中,围绕产品服务系统价值创造和实现的先后顺序会产生不同的价值模块。例如,在前期,产品服务化供应链可为客户提供市场调研、研发设计等服务。其中,详细的市场调研可以降低客户面临的风险,科学的研发设计可以提高产品服务系统的产品加工性和可操作性;使用中,产品服务化供应链为客户提供售后服务、备品备件、升级改造等服务。其中,售后服务包括产品介绍、安装调试、维修、维护、技术培训等,备品备件是指一般维修所需的易损件,升级是指对现有设备进行升级改造,以提高其性能;在后期,产品服务化供应链为客户提供回收服务,产品生命周期末,从废物中分离出来的有用物质经过物理或机械加工成为再利用的制品,以实现回收再制造。整个产品服务系统价值创造和实现的过程中包括的价值模块如图 5-3 所示。

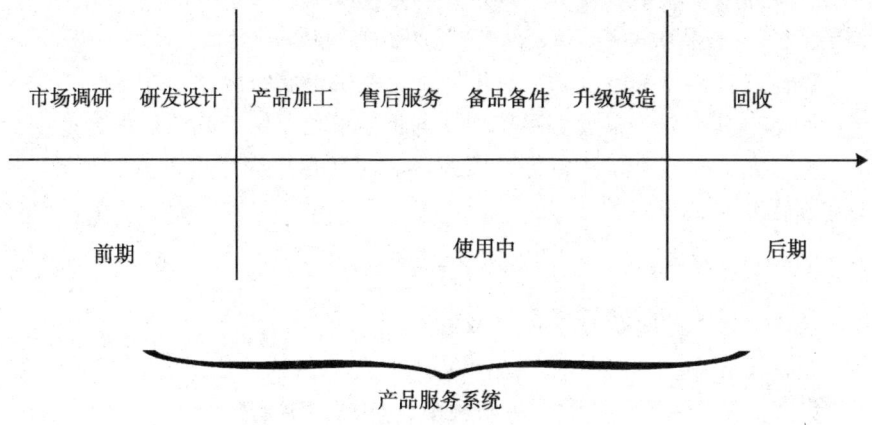

图 5-3 产品服务系统中的价值模块

结合现实情况,依据产品服务系统价值的创造和实现的先后顺序,本章将其分为市场调研、研发设计、产品加工、售后服务、备品备件、升级改造、回收等七个价值模块。

产品服务系统价值模块的划分是交叉销售实施的基础。而产品服务系统中不同价值模块间关联关系的识别是交叉销售策略实施的重要依据,数据挖掘中的关联规则分析是识别该关联关系的有效方法。接下来,将探讨基于关联规则分析的产品服务系统中不同价值模块间关联关系的识别模型及模型求解过程。

5.3 基于关联规则分析的产品服务系统中价值模块间关联关系识别模型

识别出产品服务系统中不同价值模块间关联关系,可缩小营销范围,从而使选择更具有针对性,进一步实现降低营销成本和提高营销效率。接下来,构建基于关联规则分析的产品服务系统中不同价值模块间关联关系的识别模型,并对模型进行求解分析。

5.3.1 变量定义

围绕关联规则分析在产品服务系统中不同价值模块间关联关系识别模型中的应用,相关变量定义如下:

D：集成服务提供商和客户间的交易数据库；

PSS-i_n：产品服务系统划分后不同的价值模块，$n=1,2,\cdots 7$；

PSS-I：产品服务系统划分后不同价值模块组成的集合；

X：客户所订购产品服务系统中不同价值模块所组成的项目集合；

X 的支持数 Count(X)：集成服务提供商与客户交易事务数据库 D 中支持项目集 X 的事务数；

X 的支持度 Sup(X)：$\dfrac{\text{Sup}(X)=\text{Count}(X)}{|D|}$，其中 $|D|$ 为集成服务提供商和客户交易数据库 D 中总的事务数；

关联规则 $X_1\rightarrow X_2$ 的支持数 Count($X_1\rightarrow X_2$)：事务数据中 D 中的支持项目集 $X_1\cup X_2$ 的事务数称为关联规则 $X_1\rightarrow X_2$ 的支持数；

关联规则 $X_1\rightarrow X_2$ 的支持度为 Sup($X_1\rightarrow X_2$)：$\dfrac{\text{Sup}(X_1\rightarrow X_2)=\text{Count}(X_1\rightarrow X_2)}{|D|}$；

关联规则 $X_1\rightarrow X_2$ 的可信度 Conf($X_1\rightarrow X_2$)：$\dfrac{\text{Conf}(X_1\rightarrow X_2)=\text{Count}(X_1\rightarrow X_2)}{\text{Count}(X_1)}$；

最小支持度 min-sup：支持度可以接受的最低值；

最小可信度 min-conf：可信度可以接受的最低值；

C_k：候选 k-项集的集合；

L_k：频繁 k-项集的集合。

关联规则分析的挖掘问题就是在集成服务提供商与客户交易事务数据库 D 中找出满足给定的最小支持度 min-sup 和最小可信度 min-conf 原则的关联规则。关联规则分析的过程可以分解为以下两个子问题：

(1) 依据最小支持度 min-sup 找出集成服务提供商与客户交易事务数据库 D 中的所有频集，频繁项目是满足最小支持度 min-sup 的项目集，即包含项集的事务数大于或等于 min-sup 与事务数据库 D 中事务总数的乘积。

(2) 依据频繁集和最小可信度 min-conf 产生关联规则。

上述两个子问题中，第一个是关键问题，也是决定关联规则挖掘算法性能的问题。

5.3.2 产品服务系统中价值模块间关联关系识别模型的构建与分析

根据上述变量定义可知，基于关联规则分析的产品服务系统中价值模块间关联关系识别模型主要解决两个问题：一是根据最小支持度 min-sup

第5章 产品服务化供应链营销协调机制设计研究

找出集成服务提供商与客户交易事务数据库 D 中的所有频集;二是根据频繁项目集和最小可信度 min-conf 产生关联规则,集成服务提供商据此关联规则制定交叉销售策略。

Apriori 算法使用逐层搜索的迭代方法,频繁 k-项集用于搜索频繁 $(k+1)$-项集。首先,找出频繁 1-项集的集合,记作 L_1。若将频繁 k-项集的集合记为 L_k,则用 L_1 找 L_2,用 L_2 找 L_3,如此下去,直至不能找到频繁 k-项集。在集成服务提供商与客户交易事务数据库 D 中 L_1 很容易找到,产品服务系统中不同价值模块间关联关系识别模型的关键问题是如何让利用 L_{k-1} 找到 L_k,这个过程可以分为两步:

1. 连接步

(1)寻找候选 k-项集的集合 C_k,C_k 由 L_{k-1} 找 L_k;

(2)L_{k-1} 自身连接的方法。设 l_1 和 l_2 是 L_{k-1} 中的项集。用 $l_1[j]$ 表示 l_1 的第 j 项。为方便计,假定事务或项集中的项按字典次序排序。执行连接"L_k join L_{k-1}",其中 L_{k-1} 的元素是可连接的,如果它们前 $(k-2)$ 个项相同。如果 $(l_1[1]=l_2[1]) \wedge (l_1[2]=l_2[2]) \wedge \cdots \wedge (l_1[k-2]=l_2[k-2]) \wedge 2$ 产生一个候选 k-项集 $l_1[1]l_1[2]\cdots l_1[k-1]l_2[k-1]$。如:若 $l_1 = \{\text{PSS-}i_1, \text{PSS-}i_2, \text{PSS-}i_4\}$,$l_2 = \{\text{PSS-}i_1, \text{PSS-}i_2, \text{PSS-}i_3\}$,则 l_1 和 l_2 连接产生一个 4-项集 $\{\text{PSS-}i_1, \text{PSS-}i_2, \text{PSS-}i_3, \text{PSS-}i_4\}$;

(3)找出 L_{k-1} 自身连接的所有结果,即为候选 k-项集的集合 C_k。如,若 L_2 中的项集为 $\{\text{PSS-}i_1, \text{PSS-}i_2\}$,$\{\text{PSS-}i_1, \text{PSS-}i_3\}$,$\{\text{PSS-}i_1, \text{PSS-}i_4\}$,则可得到 C_3 为 $\{\text{PSS-}i_1, \text{PSS-}i_2, \text{PSS-}i_3\}$,$\{\text{PSS-}i_1, \text{PSS-}i_2, \text{PSS-}i_4\}$,$\{\text{PSS-}i_1, \text{PSS-}i_3, \text{PSS-}i_4\}$。

2. 剪枝步

(1)C_k 是 L_k 的超集;即,它的成员可以是也可以不是频繁的,但所有的频繁 k-项集都包含在 C_k 中。扫描集成服务提供商与客户交易事务数据库 D,确定 C_k 中每个候选的计数可以确定 L_k;

(2)然而,C_k 可能很大,这样所涉及的计算量就很大,有必要压缩 C_k,任何非频繁的 $(k-1)$-项集都不可能是频繁 k-项集的子集。因此,如果一个候选 k-项集的 $(k-1)$-子集不在 L_{k-1} 中,则该候选 k-项集也不可能是频繁的,从而可以由 C_k 中删除,该剪枝过程将大大降低计算候选项集支持度的复杂程度。然后计算候选项集中每个项目集的支持度,删除支持度低于最小支持度的项目集,得到 L_k。重复执行上述过程,直至集合 L_k 为空为止。

找出频繁项集后,对于每个频繁项集 l,找出其所有的非空子集。然后,对于 l 的每个非空子集 s,若 $\frac{\text{support\_count}(l)}{\text{support\_count}(s)} \geqslant \text{min-conf}$,则产生关联规则"$s \Rightarrow (l,s)$"。

基于关联规则分析的模型识别出了产品服务系统中不同价值模块间的关联关系,为集成服务提供商交叉销售策略的实施提供了直接指导,使其选择行为更具有针对性。如当客户订购价值模块 s 时,根据产生的关联规则,可向其推荐销售价值模块 l。

依据关联规则分析产生的关联规则实施交叉销售缩小了集成服务提供商的营销范围,但是提高了营销效率,同时降低了营销成本。然而,促进客户订购更多的价值模块,提高交叉销售的成功率,需要提供客户能够接受的价格。为此,接下来将探讨交叉销售价格策略的制定。

5.4 基于价格折扣的交叉销售价格策略制定

随着客户订购价值模块数量的增多,其应享受到更多价格上的优惠。价格折扣策略为集成服务提供商交叉销售价格策略的制定,制定合理的价格以提高交叉销售的成功率,进一步减少消费者剩余和降低净额外损失。

则根据上述产生的关联规则,集成服务提供商可制定相应的交叉销售定价策略。客户购买价值模块 s 时,可以向其推销价值模块 l,若客户只购买价值模块 s 时不能享受价格折扣;若客户在购买价值模块 s 的基础上接受集成服务提供商的推荐也购买价值模块 l,此时既能享受新价值模块 l 的价格折扣,也将享受原有价值模块 s 的价格折扣。

产品服务化供应链交叉销售策略的实施受到客户的估价分布、感知成本和预算等因素的影响。因此,集成服务提供商交叉销售的定价策略也将受到上述因素的影响。

考虑到客户的估价分布不同对交叉销售定价策略的影响。如客户甲对价值模块 s 和价值模块 l 均有较高的估价,进而对价值模块 s 和 l 组合也有较高的估价。而客户乙对价值模块 s 和 l 及其组合的估价均低于客户甲。此时,对价值模块 s 和 l 实施交叉销售,若对客户甲和客户乙按照同一价格销售,则难以实现减少消费者剩余和降低净额外损失的目的,交叉销售的作用将无法发挥。

针对这种情况,考虑到客户甲和客户乙对价值模块 s 和 l 组合及其组合的估价不同,单纯的基于价格折扣的交叉销售定价策略将无法发挥作用。此时,应该根据客户甲和客户乙的估价不同,在基于价格折扣的交叉销售定价策略的基础上,综合运用差别定价法,针对客户甲和客户乙实施不同的价格折扣程度。这样则可以更大限度地减少消费者剩余和降低净额外损失,最大程度发挥交叉销售的作用。

此外,对产品服务化供应链自身来讲,交叉销售的实施对价值模块组合的规模也有要求。随着价值模块组合种类和数量的增加,客户对每个价值模块的估价越来越接近于每个价值模块的期望值,也就是客户对每个价值模块的估价越来越趋于一致。因此,对产品服务化供应来讲,就要尽可能地增加价值模块组合交叉销售的规模,降低净额外损失,以获得更多的收益。

然而,在追求价格模块组合交叉销售的规模时,也要考虑到客户的感知成本和预算等因素。因为随着价格模块组合规模的增大,客户的感知成本也将随之增加,以及当价值模块组合的价格接近客户的预算时,客户表现出的价格敏感性愈强。

关联规则分析产生的关联规则使得集成服务提供商的营销活动更具有针对性,缩小了范围,但提高了效率。而基于价格折扣的交叉销售定价策略,以及考虑客户选择影响因素下的定价策略,确保交叉销售的实施能够确保消费者剩余和净额外损失减少到最小。

5.5 数值仿真分析

5.5.1 数据准备

为了验证上述研究结论,接下来将进行数值仿真分析。在分析了某集成服务提供商数据库中客户订单数据后,对数据进行了清洗、转化,按照用户号码对每个客户订购的价值模块进行统计后得到若干条记录,抽取其中一部分记录进行关联规则分析,目的是找出不同价值模块间的关联关系。表4-1是数据样本的模拟,数据表中第1列是客户号码(TID),用来表示事务数据库中的事务标识;第2列是客户所订购的价值模块,用价值模块代码表示,价值模块的组合表示项目集。

产品服务系统中的价值模块市场调研、研发设计、产品加工、售后服务、备品备件、升级改造、回收等分别记为P1、P2、P3、P4、P5、P6、P7。假设最小支持度阈值min-sup为50%,最小可信度阈值min-conf为60%。

表 5-1 交易数据库 D

TID	项目集
01	P2 P3 P4 P5
02	P3 P4 P5 P6
03	P1 P2 P3 P4
04	P2 P3 P4 P6
05	P2 P3 P4 P7
06	P1 P3 P4 P5
07	P3 P4 P5 P6 P7
08	P3 P4 P5 P6
09	P1 P3 P4 P6 P7
10	P2 P3 P4 P5 P7

5.5.2 产品服务系统中价值模块间关联规则的产生

1. 求出交易数据库 D 中所有的频集

(1)置候选频繁 1-项目集 $C_1=\{\{P1\},\{P2\},\{P3\},\{P4\},\{P5\},\{P6\},\{P7\}\}$。

(2)扫描交易数据库 D 计算 C_1 中各项目集在交易数据库 D 中的支持度,候选 1-项目集{P1},{P2},{P3},{P4},{P5},{P6},{P7}的支持数分别为:3、5、10、10、6、5、4,相应的支持度为:30%、50%、100%、100%、60%、50%、40%。

(3)依据最小支持度值 50%,得到频繁 1-项目集 $L_1=\{\{P2\},\{P3\},\{P4\},\{P5\},\{P6\}\}$。

(4)调用 Apriori-Gen(L_1)生成候选频繁 2-项目集 $C_2=\{\{P2,P3\},\{P2,P4\},\{P2,P5\},\{P2,P6\},\{P3,P4\},\{P3,P5\},\{P3,P6\},\{P4,P5\},\{P4,P6\},\{P5,P6\}\}$。

(5)扫描集成服务提供商和客户交易事务数据库 D 计算 C_2 中各项目集在交易事务数据库 D 中的支持数,候选频繁 2-项目集{P2,P3},{P2,P4},{P2,P5},{P2,P6},{P3,P4},{P3,P5},{P3,P6},{P4,P5},{P4,P6},{P5,P6}的支持数分别为:5、5、2、1、10、6、5、6、4、3,相应的支持度为:50%、50%、20%、10%、100%、60%、50%、60%、40%、30%。

(6)根据最小支持度阈值 50%,得到频繁 2-项目集 $L_2=\{\{P2,P3\},\{P2,P4\},\{P3,P4\},\{P3,P5\},\{P3,P6\},\{P4,P5\}\}$。

第5章　产品服务化供应链营销协调机制设计研究

(7)调用 Apriori-Gen(L_2)生成候选频繁 3-项目集 C_3 = {{P2,P3,P4},{P2,P3,P5},{P2,P3,P6},{P2,P4,P5},{P3,P4,P5},{P3,P4,P6},{P3,P5,P6}}。如{P2,P3,P5}就是由 L_2 中的项目集{P2,P3}和{P3,P5}合并而成的。

(8)由于项目集{P2,P3,P5}的长度为 2 的子集{P2,P5}为非频繁 2-项目集,项目集{P2,P3,P6}的长度为 2 的子集{P2,P6}为非频繁 2-项目集,项目集{P2,P4,P5}长度为 2 的子集{P2,P5}为非频繁 2-项目集,项目集{P3,P4,P6}长度为 2 的子集{P4,P6}为非频繁 2-项目集,项目集{P3,P5,P6}长度为 2 子集{P5,P6}为非频繁 2-项目集,所以可以删除 C_3 中的项目集{P2,P3,P5},{P2,P3,P6},{P2,P4,P5},{P3,P4,P6}和{P3,P5,P6}。

(9)扫描交易数据库 D 计算 C_3 中各项目集在交易数据库 D 中的支持数,候选频繁 3-项目集{P2,P3,P4},{P2,P3,P5},{P3,P4,P5}的支持数分别为 5、2、6,相应的支持度为 50%、20%、60%。

(10)依据最小支持度阈值 50%,得到频繁 3-项目集 L_3 = {{P2,P3,P4},{P3,P4,P5}}。

(11)调用 Apriori-Gen(L_3)生成候选频繁 4-项目集 C_4 = {P2,P3,P4,P5}。

(12)由于项目集{P2,P3,P4,P5}的长度为 3 的子集{P2,P4,P5}为非频繁 3-项目集,所以可以删除 C_4 中的项目集{P2,P3,P4,P5},循环结束。

(13)可得所有频繁项目集的集合 $L = L_1 \cup L_2 \cup L_3$ = {{P2},{P3},{P4},{P5},{P6},{P2,P3},{P2,P4},{P3,P4},{P3,P5},{P3,P6},{P4,P5},{P2,P3,P4},{P3,P4,P5} }。

2. 根据所有频集 L 求交易数据库 D 中的所有关联规则

按照 Apriori 算法的应用步骤,接下来将探讨所有频繁项目集中关联规则的求解过程,以期找到产品服务系统中不同部分间的关联关系。根据上述过程所生产的所有频繁项目集{{P2},{P3},{P4},{P5},{P6},{P2,P3},{P2,P4},{P3,P4},{P3,P5},{P3,P6},{P4,P5},{P2,P3,P4},{P3,P4,P5} },此时只需考虑长度大于 1 的频繁项目集。如由项目集{P2,P3,P5},{P3,P4,P5}生成的频繁关联规则的步骤如下:

(1)λ_{31} = {P2,P3,P4},λ_{32} = {P3,P4,P5};

(2)对于频集 λ_{31} = {P2,P3,P4}中的任意非空子集{P2},{P3},{P4},{P2,P3},{P2,P4},{P3,P4},分别计算关联规则{P2}→{P3,P4},{P3}→{P2,P4},{P4}→{P2,P3},{P2,P3}→{P4},{P2,P4}→{P3},{P3,P4}→{P2}的可信度,其值分别为 100%、50%、50%、100%、100%、50%;

对于频繁项目集 λ_{32} = {P3,P4,P5}中的任意非空子集{P3},{P4},{P5},{P3,P4},{P3,P5},{P4,P5},分别计算关联规则{P3}→{P4,P5},

{P4}→{P3,P5},{P5}→{P3,P4},{P3,P4}→{P5},{P3,P5}→{P4},{P4,P5}→{P3}的可信度,其值分别为60%、60%、100%、60%、100%、100%;

(3)根据最小可信度阈值60%,{P2}→{P3,P4},{P2,P3}→{P4},{P2,P4}→{P3},{P3}→{P4,P5},{P4}→{P3,P5},{P5}→{P3,P4},{P3,P4}→{P5},{P3,P5}→{P4},{P4,P5}→{P3}为产生的频繁关联规则,其余的关联规则均不满足最小可信度阈值条件,应删除。频繁集的生成过程如图5-4所示。

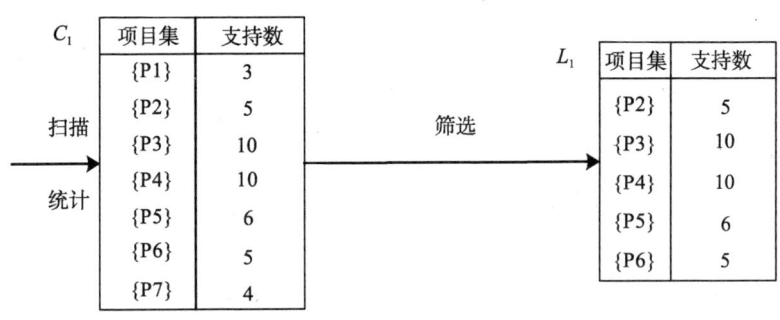

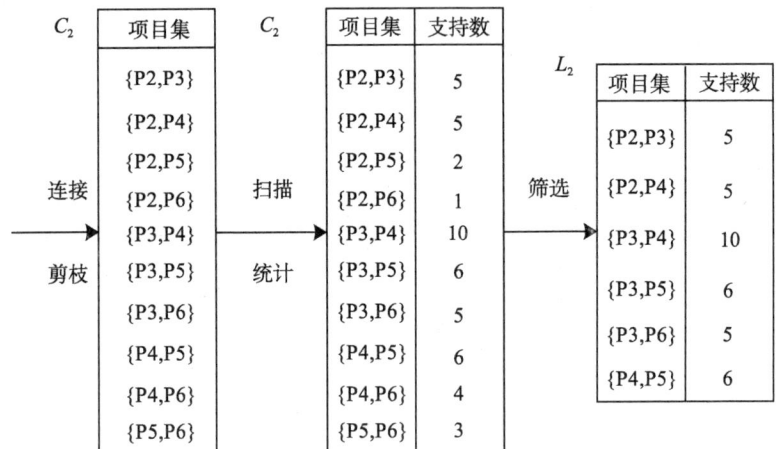

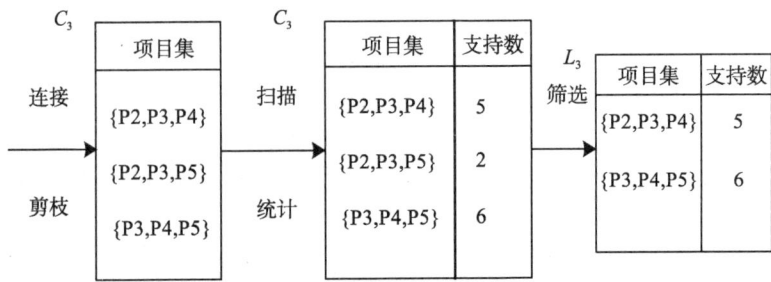

图 5-4 频繁集的生成过程

因此,由频繁项目集{P2,P3,P4},{P3,P4,P5}产生的关联规则见表5-2。

表5-2 规则和可信度

规则	可信度
{P2}→{P3,P4}	100%
{P2,P3}→{P4}	100%
{P2,P4}→{P3}	100%
{P3}→{P4,P5}	60%
{P4}→{P3,P5}	60%
{P5}→{P3,P4}	100%
{P3,P4}→{P5}	60%
{P3,P5}→{P4}	100%
{P4,P5}→{P3}	100%

5.5.3 交叉销售价格策略的制定

根据上述产生的关联规则,集成服务提供商可以制定相应的交叉销售价格策略。如当客户订购产品服务系统中P2时,可以向其推荐销售P3和P4。若客户只订购P2将不能享受价格折扣优惠;若客户接受推荐,在P2的基础上,订购P3和P4,则可享受集成服务提供商提供的P2、P3和P4共同的价格折扣优惠。依此类推,根据表5-2所列出的关联规则(关联规则{P2}→{P3,P4}除外),集成服务提供商可以制定相应的交叉销售价格策略。具体如下:

(1)当客户订购产品服务系统中的P2和P3时,可以向其推荐销售P4。若该客户只订购产品服务系统中P2和P3,只能享受现有的价格折扣优惠;若在订购P2和P3的基础上,接受集成服务提供商推荐的P4部分,则可以享受到集成服务提供商提供的关于P2、P3和P4共同的价格折扣。

(2)当客户订购产品服务系统中的P2和P4时,可以向其推荐销售P3。若该客户只订购产品服务系统中P2和P4,只能享受现有的价格折扣优惠;若在订购P2和P4的基础上,接受集成服务提供商推荐的P3部分,则可以享受到集成服务提供商提供的关于P2、P3和P4共同的价格折扣。

(3)当客户订购产品服务系统中的P3时,可以向其推荐销售P4和P5。

若该客户只订购产品服务系统中 P3，将不能享受到价格折扣优惠；若在订购 P3 的基础上，接受集成服务提供商推荐的 P4 和 P5 部分，则可以享受到集成服务提供商提供的关于 P3、P4 和 P5 共同的价格折扣。

(4) 当客户订购产品服务系统中的 P4 时，可以向其推荐销售 P3 和 P5。若该客户只订购产品服务系统中 P4，将不能享受到价格折扣优惠；若在订购 P4 的基础上，接受集成服务提供商推荐的 P3 和 P5 部分，则可以享受到集成服务提供商提供的关于 P3、P4 和 P5 共同的价格折扣。

(5) 当客户订购产品服务系统中的 P5 时，可以向其推荐销售 P3 和 P4。若该客户只订购产品服务系统中 P5，将不能享受到价格折扣优惠；若在订购 P5 的基础上，接受集成服务提供商推荐的 P3 和 P4 部分，则可以享受到集成服务提供商提供的关于 P3、P4 和 P5 共同的价格折扣。

(6) 当客户订购产品服务系统中的 P3 和 P4 时，可以向其推荐销售 P5。若该客户只订购产品服务系统中 P3 和 P4，只能享受现有的价格折扣优惠；若在订购 P3 和 P4 的基础上，接受集成服务提供商推荐的 P5 部分，则可以享受到集成服务提供商提供的关于 P3、P4 和 P5 共同的价格折扣。

(7) 当客户订购产品服务系统中的 P3 和 P5 时，可以向其推荐销售 P4。若该客户只订购产品服务系统中 P3 和 P5，只能享受现有的价格折扣优惠；若在订购 P3 和 P5 的基础上，接受集成服务提供商推荐的 P4 部分，则可以享受到集成服务提供商提供的关于 P3、P4 和 P5 共同的价格折扣。

(8) 当客户订购产品服务系统中的 P4 和 P5 时，可以向其推荐销售 P3。若该客户只订购产品服务系统中 P4 和 P5，只能享受现有的价格折扣优惠；若在订购 P4 和 P5 的基础上，接受集成服务提供商推荐的 P3 部分，则可以享受到集成服务提供商提供的关于 P3、P4 和 P5 共同的价格折扣。

进一步，当考虑到客户的估价分布影响时，给出相应的交叉销售定价策略。例如，一位客户对产品服务系统中的 P2、P3 和 P4 部分都有较高的估价，进而对由产品服务系统中 P2、P3 和 P4 价值模块的组合也有较高的估价。而另外一位客户对产品服务系统中 P2、P3 和 P4 及其组合的估价低于前一位客户。若集成服务提供商对由产品服务系统中 P2、P3 和 P4 价值模块的组合实施交叉销售，对两个客户按同一价格销售，但两个客户的估价不同，接受程度也将不同，将难以实现减少消费者剩余和降低净额外损失的目的，交叉销售的作用将无法发挥。

针对这种情况，在基于价格折扣的交叉销售定价策略的基础上，对两个不同的客户实施差别定价策略即实施不同的价格折扣程度，以追求更大限度地减少消费者剩余和降低净额外损失。

5.6 本章小结

产品服务化供应链的营销协调以发掘客户需求、实现价值创造为目标，其主要内容是以客户为中心，将客户未被满足的需求及潜在的需求通过产品服务化供应链自身的努力，将其转化为现实消费的行为。

交叉销售为产品服务化供应链营销协调实践活动提供了理论指导，数据挖掘中的关联规则分析为交叉销售的应用提供了技术支持。

首先，对产品服务化供应链客户需求的特征进行了分析，明确了客户交易行为的特征以及客户需求的表现形式，并指出客户选择行为的主要影响因素包括客户的估价分布、感知成本和预算等方面。

其次，结合现实情况，依据产品服务系统价值创造和实现的先后顺序，将产品服务系统分为市场调研、研发设计、产品加工、售后服务、备品备件、升级改造、回收等七个价值模块，这是产品服务化供应链交叉销售策略实施的基础。

接着，构建了基于关联规则分析的产品服务系统中价值模块间关联关系的识别模型，依据最小支持度和最小可信度原则，按照连接和剪枝的先后顺序，识别出产品服务系统中不同价值模块间的关联关系。该关联关系可直接用于指导集成服务提供商的营销协调实践活动，使其选择行为更具有针对性，进而提高营销效率。

最后，给出了基于价格折扣的交叉销售定价策略，并探讨了客户的估价分布、感知成本和预算等因素对交叉销售定价策略的影响。

参考文献

[1] Jeh-Nan Pan, Hung Thi Ngoc Nguyen. Achieving customer satisfaction through product-service systems[J]. European Journal of Operational Research, 2015, 247(1):179 - 190.

[2] Sergio Cherubini, Gennaro Lasevoli, Laura Michelini. Product-service systems in the electric car industry: critical success factors in marketing[J]. Journal of Cleaner Production, 2015, 97:40 - 49.

[3] Bin Wu, Sixia Fan, Andrew Junfang, et al. Configuration and operation for dynamic cellular manufacturing product-service system[J]. Journal of Cleaner Production, 2016, 131:716 - 727.

[4]杨慧,周晶,宋华明.考虑消费者短视和策略行为的动态定价研究[J].管理工程学报,2010,24(4):133-137.

[5]马慧民,叶春明,张爽等.考虑价格折扣的三级供应链协同计划问题研究[J].系统工程学报,2012,27(1):52-60.

[6] Briceñ-Arias L,Correa J R,Perlroth A. Optional continuous Pricing with strategic consumers[J]. Management Science,2017,63(8):2741-2755.

[7]毛照昉,王方圆.基于消费者行为和估值折扣差异的易逝品两期定价决策研究[J].管理学报,2017,(3):441-450.

[8]阳文玲,张旭梅,王大飞.面向策略型消费者的产品服务系统动态定价[J].系统工程,2017,35(1):145-150.

[9]张旭梅,阳文玲,高华丽,王大飞.面向策略型消费者和短视型消费者的产品服务系统定价策略[J].预测,2016,35(5):37-42,54.

[10]周佳琪,张人千.交叉销售产品的报童模型与博弈分析[J].管理科学学报,2015,18(7):59-69.

第6章 产品服务化供应链能力协调机制设计研究

产品服务化供应链为客户提供全面、质量稳定、价格合理的产品服务系统。然而,在现实中,受制造资源和服务能力的限制,几乎没有企业能够单独完成产品服务系统的创造和传递,需要由多个成员企业合作完成。

产品服务供应链上各成员企业间的能力合作是为了满足客户对产品服务系统的需求。但客户对产品服务系统中不同价值模块需求的波动周期是不同,既可以是一年中的不同月份,也可以是一月中的不同的天。因此,客户需求的波动决定了产品服务化供应链的能力供给只能在客户高峰需求和低谷需求间寻找一个最优的供给能力。一般而言,这种最优供给能力无法完成高峰时期的需求,但又大于低谷时期的需求量。

客户需求波动直接影响了产品服务化供应链能力供应的固定成本,进而影响能力供应的平均生产成本。因为虽然在低谷时期,产品服务化供应链上各成员企业的制造资源和服务能力闲置,但是各成员企业却要依据最大负荷进行投资。增加投资可以满足高峰时期的客户需求,但同时也增加了产品服务化供应链上各成员企业的固定投资。而产品服务化供应链中各成员企业经常会受到制造资源或服务能力的限制,比如制造资源、服务人员、投资资金等因素的约束。在现实中,市场客户需求不能满足就会产生缺货,缺货情况的发生就会产生缺货成本。因此,产品服务化供应链中各成员企业无法满足下游成员企业或客户的需求时将会出现"缺货",缺货就会衍生出缺货成本。

此外,由于市场客户需求的不确定性、个性化、多样化和动态性,产品服务化供应链上游成员企业无法满足下游成员企业或客户需求的不确定性也在增加。上游成员企业无法确定准备可满足需求的能力规模。因此,相比于传统产品供应链和服务供应链,产品服务化供应链上游能力供应的不确定性有了很大程度的增高。而能力供应的不确定性将会影响到下游成员企业生产和服务活动,最终影响到客户需求的满足。

而目前关于供应链能力协调的研究文献,无论是产品供应链还是服务供应链,均很少同时考虑供应和需求两端均不确定性。为此,本章将探讨供应和需求均不确定情形下的产品服务化供应链能力协调机制。而供应链契约是有效的协调策略之一。

6.1 问题描述和基本假设

(1)选择产品服务系统的中某个价值模块,为了满足客户对该价值模块的需求,产品服务化供应链上各成员企业进行能力协调。

(2)选择由单个能力不确定的供应商,单个能力受限的分包商和集成服务提供商构成的供应链为研究对象,该产品服务化供应链向市场提供产品服务系统。

该产品服务化供应链的基本流程如下:面对客户需求时,集成服务提供商向分包商订购相应的能力,分包商制定能力的单位批发价格,在此基础上,集成服务提供商依据市场需求信息和其风险态度确定能力的订购数量和单位市场销售价格。但分包商的能力不能独自满足集成服务提供商的订购需求,将超出其能力部分转包给供应商。但是供应商的能力供应具有不确定性。该基本流程如图 6-1 所示。

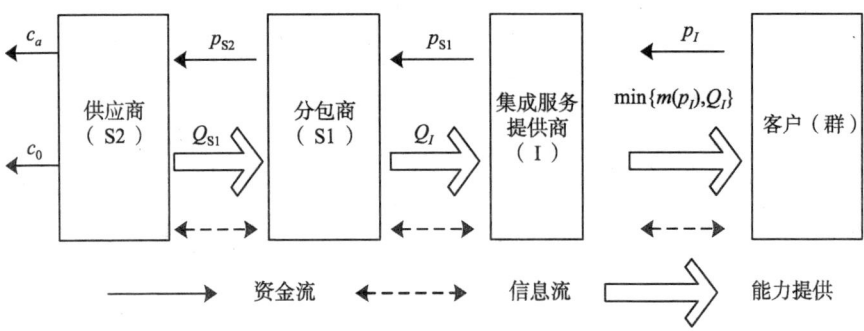

图 6-1 产品服务化供应链的结构流程图

(3)供应商拥有正常的能力 v,可同时满足多个客户(中间客户)的需求,包括该产品服务化供应链上的分包商,也可以选择准备额外的能力用于满足特殊客户的需求。供应商正常的能力用于服务其所有的客户,他们的能力需求是随机分布的,而且彼此之间是相互独立的。本章利用随机变量 $Y \sim U[\alpha, \beta]$ $(0 \leqslant \alpha \leqslant \beta \leqslant 1)$ 描述这种能力分配的不确定性,其密度函数和分布函数分别为 $f_Y(y)$ 和 $F_Y(y)$。

为了能力缺货损失最小化,供应商考虑准备额外的能力 η 用于满足分包商的需求，并假设额外能力比正常的能力具有优先性，且 η 为决策变量。

供应商正常能力的单位成本为 c_0，额外能力的单位成本为 c_a，单位能力的销售价格为 p_{S2}，单位空闲成本为 h。其中，$c_0 < c_a < p_{S2}$。

(4) 分包商拥有固定的能力 μ，单位成本为 c_{S1}。分包商向供应商的订购数量为 Q_{S1}。集成服务提供商的订购数量为 Q_I，且具有价格敏感性，即 $Q_I = Q(p_{S1})$。$Q_I = Q(p_{S1})$ 是分包商提供价格 p_{S1} 的递减凹函数[即满足 $Q'(p_{S1}) < 0$ 和 $Q''(p_{S1}) > 0$]。分包商的自制成本比外包成本要小，即 $c_{S1} < p_{S2}$。

(5) 集成服务提供商与分包商之间信息不共享，分包商需估计集成服务提供商的订购数量 $Q(p_{S1})$。集成服务提供商面临具有价格敏感性的随机市场需求 X，密度函数 $f_X(x)$，期望市场需求量为 $m(p_I) = Dp_I^{-k}$。

其中，p_I 是集成服务提供商制定的单位销售价格，$D > 0$ 是常量，$k > 1$ 为固定的价格弹性系数。

这种随机需求模型在考虑价格敏感性市场需求的研究文献较为常见。集成服务提供商目标在于同时制定销售价格 p_I，订购数量 Q_I 以使其期望利润最大化。此外，假定没有残值存在。

6.2 分散状态下产品服务化供应链的决策行为分析

在分散状态下，产品服务化供应链中集成服务提供商、分包商和供应商均从自身收益最大化出发制定决策。

依据上述假设可知，供应商的收益函数 $\pi_{S2}(\eta)$ 为

$$\pi_{S2}(\eta) = p_{S2} \min\{\eta + vY, Q_{S1}\} - c_a\eta - c_0 \min\{vY, Q_{S1} - \eta\} - h\max\{\eta + vY - Q_{S1}, 0\} \tag{6.1}$$

则供应商的期望收益 $E[\pi_{S2}(\eta)]$ 为

$$E[\pi_{S2}(\eta)] = \int_a^{\frac{Q_{S1}-\eta}{v}} (p_{S2}(\eta + vy) - c_0 vy - c_a\eta) f_Y(y) dy + \int_{\frac{Q_{S1}-\eta}{v}}^\beta (p_{S2}Q_{S1} - c_0(Q_{S1} - \eta) - c_a\eta - h(\eta + vy - Q_{S1})) f_Y(y) dy \tag{6.2}$$

分包商的收益函数 $\pi_{S1}(p_{S1})$ 为

$$\pi_{S1}(p_{S1}) = p_{S1}Q_I - c_{S1}\min\{Q_I, \mu\} - p_{S2}\max\{Q_I - \mu, 0\} \tag{6.3}$$

由于供应商能力供应的不确定性和额外能力决策,分包商的转包数量 $Q_{S1}=Q_I-\mu$ 不一定完全被满足,所以分包商的收益函数应为

$$p_{S1}\min\{Q_I,\mu+\eta^*+vY\}-c_{S1}\min\{Q_I,\mu\}-$$
$$p_{S2}\min\{\max\{Q_I-\mu,0\},\eta^*+vY\} \tag{6.4}$$

当供应商的额外能力 η^* 给定时,然而由于供应商与分包商间的信息不共享,因此不能将 η^* 代入式(6.4)。

而分包商的目标是确定销售价格 p_{S1} 以使其期望收益 $E[\pi_{S1}(p_{S1})]$ 最大化。

根据上述假设,可得满足 $\dfrac{\mathrm{d}E[\pi_{S1}(p_{S1})]}{\mathrm{d}p_{S1}}=0$ 的解即为分包商的最优销售价格 p_{S1}^*,以实现其自身期望收益利润最大化的目标。

然而由于集成服务提供商实际订单数量上存在误差和供应商的能力的不确定性,致使分包商的期望收益有可能小于 $E[\pi_{S1}(p_{S1}^*)]$。

集成服务提供商的收益函数 $\pi_I(p_I,Q_I)$ 为:

$$\pi_I(p_I,Q_I)=p_I\min\{x,Q_I\}-p_{S1}Q_I \tag{6.5}$$

则集成服务提供商的期望收益 $E[\pi_I(p_I,Q_I)]$ 为:

$$E[\pi_I(p_I,Q_I)]=\int_0^{Q_I}(p_Ix-p_{S1}Q_I)f_X(x|p_I)\mathrm{d}x+$$
$$\int_{Q_I}^{\infty}((p_I-p_{S1})Q_I)f_X(x|p_I)\mathrm{d}x \tag{6.6}$$

当集成服务提供商具有决策风险偏好时,可用 $z=\dfrac{Q_I}{m(p_I)}$ 度量其风险态度水平[1]。z 值越小表明集成服务提供商越保守(风险规避越高)。将 $Q_I=zm(p_I)$ 代入式(6.6),$E[\pi_I(p_I,Q_I)]$ 转化为一个一元函数:

$$E[\pi_I(p_I,Q_I)]=\int_0^{zm(p_I)}(p_Ix-p_{S1}zm(p_I))f_X(x|p_I)\mathrm{d}x+$$
$$\int_{zm(p_I)}^{\infty}((p_I-p_{S1})zm(p_I))f_X(x|p_I)\mathrm{d}x=$$
$$p_I\int_0^{zm(p_I)}(1-F_X(x|p_I))\mathrm{d}x-p_{S1}zm(p_I) \tag{6.7}$$

其中,$F_X(x|p_I)$ 为 X 的分布函数。

依据分包商的销售价格 p_{S1}^*,集成服务提供商确定销售价格 p_I 和订购数量 Q_I 以使其期望收益 $E[\pi_I(p_I,Q_I)]$ 最大化。

令 $t = \dfrac{x}{m(p_I)}$ 和 $\varepsilon = \int_0^z (1-F_T(t))\mathrm{d}t$[186]，可以将集成服务提供商的期望收益 $E[\pi_I(p_I,Q_I)]$ 改写为：

$$E[\pi_I(p_I,Q_I)] = p_I \int_0^{zm(p_I)} (1-F_X(x|p_I))\mathrm{d}x - p_{S1}zm(p_I)$$

$$= m(p_I)\left(p_I\int_0^z (1-F_T(t))\mathrm{d}t - p_{S1}z\right) = D(p_I)^{-k}(p_I\varepsilon - p_{S1}z) \tag{6.8}$$

求式(6.8)关于 p_I 的一阶导数可得：

$$\frac{\mathrm{d}E[\pi_I(p_I,Q_I)]}{\mathrm{d}p_I} = D(p_I)^{-1-k}[(1-k)p_I\varepsilon + kp_{S1}z]$$

令上式等于零可得 $p_I^* = \dfrac{(kp_{S1}z)}{[(k-1)\varepsilon]}$

由于当 $p_I < p_I^*$ 时，$\dfrac{\mathrm{d}E[\pi_I(p_I,Q_I)]}{\mathrm{d}p_I} > 0$，表明当 $p_I < p_I^*$ 时，$E[\pi_I(p_I,Q_I)]$ 是递增的；当 $p_I > p_I^*$ 时，$\dfrac{\mathrm{d}E[\pi_I(p_I,Q_I)]}{\mathrm{d}p_I} < 0$，表明当 $p_I > p_I^*$ 时，$E[\pi_I(p_I,Q_I)]$ 是 p_d 的减函数。可得 $E[\pi_I(p_I,Q_I)]$ 是 p_I 单峰函数以及最大值在 p_I^* 时出现。相应集成服务提供商的最优订购数量为 $Q_I^* = zm(p_I^*)$ $= zD\left(\dfrac{kzp_{S1}}{(k-1)\varepsilon}\right)^{-k}$。

当集成服务提供商的订购数量超出分包商的能力时，分包商将转包数量为 $Q_{S1}^* = Q_I^* - \mu$ 给供应商。

在分包商实施能力转包时，供应商能力供应的不确定有可能造成分包商无法满足集成服务提供商的订购量 Q_I^*，所以集成服务提供商的期望收益有可能小于 $E[\pi_I(p_I^*,Q_I^*)]$。

根据上述假设，当接到分包商的外包数量 $Q_{S1}^* = Q_I^* - \mu$ 时，供应商将确定额外能力的最优值 η^* 以使其期望收益最大化 $E[\pi_{S2}(\eta^*)]$。可得

定理 6.1：供应商的期望收益 $E[\pi_{S2}(\eta)]$ 是额外能力 η 的凹函数

从式 $\dfrac{\mathrm{d}^2E[\pi_{S2}(\eta)]}{\mathrm{d}\eta^2} = -\dfrac{p_{S2}+h-c_0}{v(\beta-\alpha)}$ 可得 $\dfrac{\mathrm{d}E[\pi_I(\eta)]}{\mathrm{d}\eta}$ 是 η 的减函数，当 $\eta^* \geq 0$ 时，$\eta^* = \dfrac{Q_{S1} - v(p_{S2}\alpha + c_a(\beta-\alpha) + (h-c_0)\beta)}{(p_{S2}+h-c_0)}$ 是满足 $\dfrac{\mathrm{d}E[\pi_{S2}(\eta)]}{\mathrm{d}\eta} = 0$ 的最优值。对于 $Q_{S1} \leq 0$ 和 $\eta^* < 0$，准备额外能力对供应商无利可图时，η^* 将为 0。

同时，可得当分包商的转包数量增大时，供应商会准备更多的额外能力。

将 $\eta=\eta^*$ 代入式 $E[\pi_{S2}(\eta)]$ 可得

$$E[\pi_{S2}(\eta^*)] = \frac{1}{2(\beta-\alpha)}\{2Q_{S1}(p_{S2}-c_a)(\beta-\alpha) - p_{S2}v(v-\alpha)^2 + v[2c_a(\beta-\alpha)v + 2c_0(v^2-(\alpha+\beta)v+\alpha^2) - h(\beta-v)^2]\}$$

其中,$v = \frac{[p_{S2}\alpha + c_a(\beta-\alpha) + (h-c_0)\beta]}{(p_{S2}+h-c_0)}$。

显然可得,$E[\pi_{S2}(\eta^*)]$ 是 Q_{S1} 的增函数,表明随着分包商转包数量的增加,供应商获得的收益也随之增加。

考虑供应商的额外能力 η^*,$\Pr\left\{Y<\frac{(Q_{S1}-\eta^*)}{v}\right\} = F_Y\left[\frac{p_{S2}\alpha + c_a(\beta-\alpha) + (h-c_0)\beta}{p_{S2}+h-c_0}\right]$。显然可知,供应商不能满足分包商能力转包需求量 Q_{S1} 的可能性是固定的,而且与 Q_{S1} 无关。所以在分散状态下的产品服务化供应链中,分包商将不会努力去消除供应商能力供应的不确定性。

6.3 协调状态下产品服务化供应链的决策行为分析

分散状态下,产品服务化供应链需面对能力供应的不确定性以及成员企业间缺乏信息共享,这些可能导致无法实现产品服务化供应链整体收益最大化。

有效的协调机制可以提高产品服务化供应链整体及各成员企业的收益,接下来将分为三种情形探讨产品服务化供应链的协调模型。其中,针对供应不确定,构建供应商和分包商间的协调模型,目的在于降低能力供应的不确定性并提高两者的收益;针对需求不确定,构建分包商和集成服务提供商间的协调模型,目的在于减弱需求不确定性带来的影响并提高两者的收益;综合上述两种情形,构建产品服务化供应链的协调模型,同时实现降低能力供应的不确定性和减弱需求不确定性带来的影响,提高产品服务化供应链的整体收益,达到协调的目的。

6.3.1 分包商和供应商间的契约协调模型

在分包商和供应商间的协调模型中,供应商与分包商共享其能力信息,包括正常能力不确定性和额外能力决策信息。

第 6 章　产品服务化供应链能力协调机制设计研究

为了降低能力供应不确定性带来的影响,分包商可以对供应商采取一些措施,例如激励、惩罚措施,或二者的结合以影响供应商额外能力的决策。本章将采用惩罚措施,供应商不能满足分包商的转包需求时,将会面临缺货惩罚,且单位缺货成为 c_s。

然而协调机制的设计很大程度上依赖于分包商和供应商在产品服务化供应链上的地位。本章假设分包商处于领导地位,制定相应的惩罚措施。

考虑惩罚措施时供应商的收益函数 $\pi_{S2}^I(\eta)$ 为:

$$\pi_{S2}^I(\eta) = p_{S2}\min\{\eta+vY,Q_{S1}\} - c_a\eta - c_0\min\{vY,Q_{S1}-\eta\} - h\max\{\eta+vY-Q_{S1},0\} - c_s\max\{Q_{S1}-\eta-vY,0\} \quad (6.9)$$

则供应商的期望收益 $E[\pi_{S2}^I(\eta)]$ 为:

$$E[\pi_{S2}^I(\eta)] = \int_\alpha^{\frac{(Q_{S1}-\eta)}{v}} (p_{S2}(\eta+yv) - c_0 vy - c_a\eta) f_Y(y)\mathrm{d}y + \int_{\frac{(Q_{S1}-\eta)}{v}}^\beta [p_{S2}Q_{S1} - c_0(Q_{S1}-\eta) - c_a\eta - h(\eta+vy - Q_{S1})] f_Y(y)\mathrm{d}y - c_s\int_\alpha^{\frac{(Q_{S1}-\eta)}{v}} (Q_{S1}-\eta-vy) f_Y(y)\mathrm{d}y \quad (6.10)$$

在协调状态下,供应商的目标在确定 η 的最优值以使其期望收益 $E[\pi_{S2}^I(\eta)]$ 最大化。

因为 $E[\pi_{S2}^I(\eta)]$ 是 η 的凹函数,如定理 6.2,供应商 η 的最优值可通过解 $\dfrac{\mathrm{d}E[\pi_{S2}^I(\eta)]}{\mathrm{d}\eta}=0$ 可得:

$$\eta^I = \begin{cases} Q_{S1} - v\dfrac{p_{S2}\alpha + c_a(\beta-\alpha) + (h-c_0)\beta + c_s\alpha}{p_{S2}+h-c_0+c_s} & \text{当 } Q_{S1}>0 \text{ 和 } \eta^I>0 \\ 0 & \text{其余} \end{cases}$$

(6.11)

定理 6.2:供应商的期望收益 $E[\pi_{S2}^I(\eta)]$ 是额外能力 η 的凹函数,且存在唯一最优解。

供应商的最优期望利润 $E[\pi_{S2}^I(\eta^I)]$ 为:

$$E[\pi_{S2}^I(\eta^I)] = \frac{1}{2(\beta-\alpha)}\{2Q_{S1}(p_{S2}-c_a)(\beta-\alpha) - p_0 v(\theta-\alpha)^2 + v[2c_a(\beta-\alpha)\theta + 2c_0(\theta^2-(\alpha+\beta)\theta+\alpha^2) - h(\beta-\theta)^2 - c_s(\theta-\alpha)^2]\}$$

(6.12)

其中,$\theta = \dfrac{(p_{S2}\alpha + c_a(\beta-\alpha) + (h-c_0)\beta + c_s\alpha)}{(p_{S2}+h-c_0+c_s)}$。

可得,Q_{S1} 取同样的值时,当单位缺货惩罚成本 c_s 趋向 0 时,额外能力

η^I 的表达式与 η^* 一样,即供应商的最优期望收益等于分散状态下的最优期望收益,$E[\pi_{S2}^I(\eta^I)]=E[\pi_{S2}(\eta^*)]$。

从分包商的角度来讲,因为 $\dfrac{\mathrm{d}\eta^I}{\mathrm{d}c_s}=\dfrac{v(h+c_a-c_0)(\beta-\alpha)^2}{(p_{S2}+h-c_0+c_s)}>0$,当给定分包商能力转包数量 Q_{S1} 时,单位缺货成本 c_s 值的增加将致使满足 Q_{S1} 的可能性 $1-F_Y(\dfrac{(Q_{S1}-\eta^I)}{v})$ 提高,从而降低能力供应的不确定性。

另一方面,由于 $\dfrac{\mathrm{d}E[\pi_{S2}^I(\eta^I)]}{\mathrm{d}c_s}=-\dfrac{(\dfrac{v}{2})(h+c_a-c_0)^2(\beta-\alpha)}{(p_{S2}+h-c_0+c_s)}<0$,当给定 Q_{S1} 时,单位缺货成本 c_s 值的增加将导致供应商最优期望收益 $E[\pi_{S2}^I(\eta^I)]$ 的降低。

然而,由于 $\dfrac{\mathrm{d}E[\pi_{S2}^I(\eta^I)]}{\mathrm{d}Q_{S1}}=p_{S2}-c_a>0$,可知供应商的最优期望收益是 Q_{S1} 的增函数。所以,供应商将接受分包商提供的协调契约,当 Q_{S1} 增加带来的收益可以弥补供应商的缺货损失。

与分散状态下的情形相比,Q_{S1} 的增加不会降低分包商能力供应的不确定性,Q_{S1} 的增加保证供应商和分包商协调和降低能力供应的不确定性。将在 6.3.2 中讨论,Q_{S1} 的增加需要刺激更多的需求,更多的需求需要迫使分包商和集成服务提供商之间的协调。

协调状态下,分包商的收益函数 $\pi_{S1}^I(p_{S1})$ 为:

$$\pi_{S1}^I(p_{S1})=p_{S1}\min\{Q_I,\mu+\eta^I+vY\}-c_{S1}\min\{Q_I,\mu\}-$$
$$p_{S2}\min\{\max\{Q_I-\mu,0\},\eta^I+vY\}+c_s\max\{Q_I-\mu-\eta^I-vY,0\}$$

(6.13)

由于 $\eta^I\geqslant\eta^*$,$\pi_{S1}^I(p_{S1})$ 大于或等于分散状态下的收益 $\pi_{S1}(p_{S1})$,可得 $E[\pi_{S1}^I(p_{S1})]\geqslant E[\pi_{S1}(p_{S1})]$。

分包商的期望收益 $E[\pi_{S1}^I(p_{S1})]$ 为:

$$E[\pi_{S1}^I(p_{S1})]=\int_\alpha^{\frac{(Q_I-\mu-\eta^I)}{v}}(p_{S1}(\eta^I+vy+\mu)-c_{S1}\mu-p_{S2}(\eta^I+vy))f_Y(y)\mathrm{d}y+$$
$$\int_{\frac{(Q_I-\mu-\eta^I)}{v}}^\beta(p_{S1}Q_I-c_{S1}\mu-p_{S2}(Q_I-\mu))f_Y(y)\mathrm{d}y+$$
$$c_s\int_{\frac{(Q_I-\mu-\eta^I)}{v}}^\beta(Q_I-\mu-\eta^I-vy)f_Y(y)\mathrm{d}y \qquad (6.14)$$

其中,$Q_I=Q(p_{S1})$。令 $\dfrac{\mathrm{d}E[\pi_{S1}^I(p_{S1})]}{\mathrm{d}p_{S1}}=0$,可得使分包商期望收益最大化的

单位销售价格最优解满足 $p_{S1}^I = p_{S2} - \dfrac{\left(Q_I(p_{S1}^I) - \dfrac{v(\theta-\alpha)^2}{2(\beta-\alpha)}\right)}{Q'_I(p_{S1}^I)}$。

其中，$\theta = \dfrac{(p_0\alpha + w(\beta-\alpha) + (h-c_0)\beta + c_s\alpha)}{(p_0 + h - c_0 + c_s)}$。

可知当 $c_s = 0$，分包商的最优期望收益 $E[\pi_{S1}^I(p_{S1}^I)]$ 大于或等于其分散状态下的最优期望收益 $E[\pi_{S1}(p_{S1}^*)]$。

此外，在供应商共享正常能力和额外能力信息的基础上，分包商通过调整 Q_{S1} 可以制定一个更合理的决策。

6.3.2 分包商和集成服务提供商间的契约协调模型

面对具有价格敏感性的随机市场需求，分包商和集成服务提供商协调的本质是降低销售价格，刺激更多的市场需求，从而获取更多的收益。

在分包商和集成服务提供商间建立基于收益共享契约的协调模型。在收益共享契约下，分包商以低于单位平均成本的销售价格 p_{S1}^{II} 提供给集成服务提供商，集成服务提供商降低零售价格以刺激更多的市场需求。

显然，按照这样做，分包商的收益为负。为了达到协调的目标，集成服务提供商将其收益与分包商共享，集成服务提供商将其收益的 $(1-\xi^I)$ 部分返还给分包商。而收益共享契约参数 ξ^I 需分包商和集成服务提供商协商决定。

若协调状态下，分包商的期望收益大于其在分散状态下的最优期望收益，则分包商将会接受集成服务提供商制定的收益共享契约。

在收益共享契约状态下，集成服务提供商的收益 $\pi_I^{II}(p_I, Q_I)$ 为：

$$\pi_I^{II}(p_I, Q_I) = \xi^I p_I \min\{x, Q_I\} - p_{S1}^{II} Q_I \tag{6.15}$$

供应商的收益 $\pi_{S1}^{II}(p_{S1}^{II})$ 为：

$$\pi_{S1}^{II}(p_{S1}^{II}) = (1-\xi^I) p_I \min\{x, Q_I\} + p_{S1}^{II} Q_I - c_{S1} \min\{Q_I, \mu\} - p_{S2} \max\{Q_I - \mu, 0\} \tag{6.16}$$

当分包商与集成服务提供商协调时，但未与供应商协调，分包商和集成服务提供商的联合收益 $\pi_{S1I}^{II}(p_I, Q_I)$ 为：

$$\pi_{S1I}^{II}(p_I, Q_I) = p_I \min\{x, Q_I\} - c_{S1} \min\{Q_I, \mu\} - p_{S2} \max\{Q_I - \mu, 0\} \tag{6.17}$$

当 $Q_I \geq \mu$ 时，分包商和集成服务提供商的联合期望收益 $E[\pi_{S1I}^{II}(p_I, Q_I)]$ 为：

$$E[\pi_{S1I}^{II}(p_I, Q_I)] = \int_0^{Q_I} (p_I x - c_{S1}\mu - p_{S2}(Q_I - \mu)) f_X(x|p_I) dx + \int_{Q_I}^{\infty} (p_I Q_I - c_{S1}\mu - p_{S2}(Q_I - \mu)) f_X(x|p_I) dx \tag{6.18}$$

在基于收益共享契约的协调模型中,集成服务提供商的最优决策需满足分包商和集成服务提供商的期望收益之和等于分包商和集成服务提供商的联合期望收益,即需要满足式 $E[\pi_I^{II}(p_I,Q_I)]+E[\pi_{S1}^{II}(p_{S1}^{II})]=E[\pi_{S1I}^{II}(p_I,Q_I)]$。由此可得 $p_{S1}^{II}=\xi^I p_{S2}$。

进一步可得,集成服务提供商的期望收益 $E[\pi_I^{II}(p_I,Q_I)]$ 为:
$$E[\pi_I^{II}(p_I,Q_I)]=\xi^I E[\pi_{S1I}^{II}(p_I,Q_I)] \tag{6.19}$$

分包商的期望收益 $E[\pi_{S1}^{II}(p_{S1}^{II})]$ 为:
$$E[\pi_{S1}^{II}(p_{S1}^{II})]=(1-\xi^I)E[\pi_{S1I}^{II}(p_I,Q_I)] \tag{6.20}$$

由于 $E[\pi_{S1I}^{II}(p_I,Q_I)]$ 与式(6.6)的相似,可以将 $Q_I=zD(p_I)^{-k}$ 代入式(6.18)把 $E[\pi_{S1I}^{II}(p_I,Q_I)]$ 转化为一元函数 $E[\pi_{S1I}^{II}(p_I)]$。

同样的过程,令 $\dfrac{dE[\pi_{S1I}^{II}(p_I)]}{dp_I}=0$,求得集成服务提供商的最优销售价 $p_I^{II}=\dfrac{(kzp_0)}{[(k-1)\varepsilon]}$。

其中,$\varepsilon=\int_0^z [1-F_T(t)]dt$,相应的订购数量为 $Q_I^{II}=zD(p_I^{II})^{-k}$。

联合收益函数 $\pi_{S1I}^{II}(p_I,Q_I)$ 为分包商收益函数 $\pi_{S1}^{II}(p_{S1}^{II})$ 和集成服务提供商收益函数 $\pi_I^{II}(p_I,Q_I)$ 之和,$E[\pi_{S1I}^{II}(p_I,Q_I)]$ 的最优值大于或等于 $E[\pi_{S1}(p_{S1})]$ 和 $E[\pi_I(p_I,Q_I)]$ 之和,这种不一致由于联合状态下较低的销售价格 p_I^{II} 和较大的订购数量 Q_I^{II} 所引起的。

在分包商和集成服务提供商间的协调模型中,需满足分包商和集成服务提供商的最优期望收益均大于其在分散状态下的最优期望收益,即 $E[\pi_{S1}^{II}(p_{S1}^{II})]>E[\pi_{S1}(p_{S1}^*)]$ 和 $E[\pi_I^{II}(p_I^{II},Q_I^{II})]>E[\pi_I(p_I^*,Q^*)]$ 同时成立。将式(6.19)和式(6.20)代入上述不等式可求得收益共享系数 ξ^I 的取值范围。

此时,供应商的期望收益 $E[\pi_{S2}^{II}(\eta)]$ 与分散状态下的期望收益一致。
$$\begin{aligned}E[\pi_{S2}^{II}(\eta)]=&\int_a^{\frac{(Q_{S1}-\eta)}{v}}(p_{S2}(\eta+vy)-c_0 vy-c_a\eta)f_Y(y)dy+\\&\int_{\frac{(Q_{S1}-\eta)}{v}}^{\beta}(p_{S2}Q_{S1}-c_0(Q_{S1}-\eta)-c_a\eta-h(\eta+vy-Q_{S1}))f_Y(y)dy\end{aligned} \tag{6.21}$$

则供应商的额外能力 η^{II} 决策如下:
$$\eta^{II}=\begin{cases}Q_{S1}-v\dfrac{p_{S2}\alpha+c_a(\beta-\alpha)+(h-c_0)\beta}{p_{S2}+h-c_0} & \text{当 } Q_{S1}>0 \text{ 和 } \eta^{II}>0\\ 0 & \text{其余}\end{cases}$$

与分散状态下相比,尽管集成服务提供商的订购数量和期望联合收益增加,但是分包商面临的能力供应不确定性 $\left[F_Y\dfrac{[p_{S2}\alpha+c_a(\beta-\alpha)+(h-c_0)\beta]}{(p_{S2}+h-c_0)}\right]$

却没有改变。而且,由于缺乏供应商的能力共享信息,此时期望联合收益函数 $E[\pi_{S1I}^{II}(p_I^{II},Q_I^{II})]$ 未必能实现。

6.3.3 产品服务化供应链的契约协调模型

综合上述两个协调模型,构建整个产品服务化供应链的协调模型,供应商与分包商和集成服务提供商共享其能力信息,一层功能型集成服务提供商实施惩罚机制促使供应商降低服务能力供应不确定,集成服务提供商与分包商共享其收益信息。

协调模型中供应商的期望收益 $E[\pi_{S2}^{III}(\eta)]$ 和额外能力决策 η^{III} 分别等于 $E[\pi_{S2}^{I}(\eta)]$[式(6.10)]和 η^{I}[式(6.11)]。

分包商和集成服务提供商的联合期望收益 $E[\pi_{S1I}^{III}(p_I,Q_I)]$ 是销售收入和生产成本的差额与供应商缺货成本之和。

$$\begin{aligned}\pi_{S1I}^{III}(p_I,Q_I)=&p_I\min\{x,\min\{Q_I,\mu+\eta^{III}+vY\}\}-c_{S1}\min\{Q_I,\mu\}-\\&p_{S2}\min\{\max\{Q_I-\mu,0\},\eta^{III}+vY\}+\\&c_s\max\{Q_I-\mu-\eta^{III}-vY,0\}\end{aligned} \quad (6.22)$$

供应商的正常能力信息和额外能力决策与分包商的转包数量相适应。

$Q_I \geqslant \mu$ 时,分包商和集成服务提供商的联合期望收益 $E[\pi_{S1I}^{III}(p_I,Q_I)]$ 为

$$\begin{aligned}E[\pi_{S1I}^{III}(p_I,Q_I)]=&\int_{\alpha}^{\frac{(Q_I-\mu-\eta^{III})}{v}}\left\{\int_{0}^{\mu+\eta^{III}+vy}(p_Ix-c_{S1}\mu-p_{S2}(\eta^{III}+vy))f_X(x|p_I)\mathrm{d}x+\right.\\&\left.\int_{\mu+\eta^{III}+vy}^{\beta}((p_I-p_{S2})(\eta^{III}+vy)-(p_I-c_{S1})\mu)f_X(x|p_I)\mathrm{d}x\right\}\\&f_Y(y)\mathrm{d}y+\int_{\frac{(Q_I-\mu-\eta^{III})}{v}}^{\beta}\left\{\int_{0}^{Q_I}(p_Ix-c_{S1}\mu-p_{S2}(Q_I-\mu))\right.\\&\left.f_X(x|p_I)\mathrm{d}x+\int_{Q_I}^{\beta}(p_IQ_I-c_{S1}\mu-p_{S2}(Q_I-\mu))f_X(x|p_I)\mathrm{d}x\right\}\\&f_Y(y)\mathrm{d}y+c_s\int_{\alpha}^{\frac{(Q_I-\mu-\eta^{III})}{v}}((Q_I-\mu)-\eta^{III}-vy)f_Y(y)\mathrm{d}y\end{aligned}$$

$$(6.23)$$

将 $Q_I=zm(p_I)$ 和 $t=\dfrac{x}{m(p_I)}$ 代入式(6.23),与 $E[\pi_I(p_I,Q_I)]$ 的转换过程类似,将 $E[\pi_{S1I}^{III}(p_I,Q_I)]$ 转换为一元函数的形式 $E[\pi_{S1I}^{III}(p_I)]$ 为:

$$E[\pi_{S1I}^{III}(p_I)] = p_I \int_\theta^\theta \left[m(p_I) \int_0^{\frac{z-(\theta-y)v}{m(p_I)}} (1-F_T(t)\mathrm{d}t) \right] \frac{1}{\beta-\alpha} \mathrm{d}y +$$

$$p_I \int_\theta^\beta m(p_I)\varepsilon \frac{1}{\beta-\alpha} \mathrm{d}y - c_{S1}\mu -$$

$$p_0 \left[\int_\alpha^\theta (vy+\eta^{III}) \frac{1}{\beta-\alpha} \mathrm{d}y + \int_\theta^\beta (Q_I-\mu) \frac{1}{\beta-\alpha} \mathrm{d}y \right] +$$

$$c_s \left[\int_\alpha^\theta (Q_I-\mu-\alpha v-\eta^{III}) \frac{1}{\beta-\alpha} \mathrm{d}y \right] \tag{6.24}$$

其中,$\theta = \dfrac{(p_{S2}\alpha+c_a(\beta-\alpha)+(h-c_0)\beta+c_s\alpha)}{(p_{S2}+h-c_0+c_s)}$,$\varepsilon = \int_0^z (1-F_T(t))\mathrm{d}t$。便于计算,令 $r = \dfrac{v}{m(p_I)}$,其中 p_I 是 r 的函数。

$$p_I = \left(\frac{Dr}{v}\right)^{\frac{1}{k}} \tag{6.25}$$

在式(6.24)中,用 r 替代 $\dfrac{v}{m(p_I)}$ 之后,给定不同的 $r^\#$ 值,r 将导致满足收益最大化的 $p_I^\#$ 的取值变化。

由于在最优单位销售价 p_I^{III} 下,满足 $E[\pi_{S1I}^{III}(p_I)]$ 最优的比率的值为 $r^{III} = \dfrac{v}{m(p_I^{III})}$,对 $p_I^\#$ 为最优销售价 p_I^{III} 的充分必要条件是 $r^\#$ 等于 $\dfrac{v}{m(p_I^\#)}$,$p_I^\#$ 可推导得出。

下面的定理,表明当给定 r 时,$E[\pi_{S1I}^{III}(p_I)]$ 是 p_I 的单峰函数。

定理 6.3:对于给定的 r,分包商和集成服务提供商的联合期望收益 $E[\pi_{S1I}^{III}(p_I)]$ 是 p_I 的单峰函数。

在定理 6.3 中,当给定 r 时,$p_I^\#$ 是满足期望收益最大化的最优销售价,找到一对 (p_I,r) 同时满足式(6.25)和式 $\dfrac{\mathrm{d}E[\pi_{S1I}^{III}(p_I)]}{\mathrm{d}p_I} = 0$。

由于在式(6.25)中 p_I^* 是 r 的增函数,在式 $p_I^\# = \dfrac{k[2zp_{S2}(\beta-\alpha)-r(p_{S2}+c_s)(\theta-\alpha)^2]}{2(k-1)\left[(\beta-\theta)\varepsilon+\int_\alpha^\theta \int_0^{z-r(\theta-y)}(1-F_T(t))\mathrm{d}t\mathrm{d}y\right]}$ 中 p_I^* 是 r 的减函数,两个函数存在交叉;交叉点的单位销售价是最优销售价 p_I^{III}。

当 p_I^{III} 确定时,集成服务提供商的订购数量为 $Q_I^{III} = zD(p_I^{III})^{-k}$,供应商的额外能力决策为 $\eta^{III} = Q_{S1}^{III} - v\dfrac{(p_{S2}\alpha+c_a(\beta-\alpha)+(h-c_0)\beta+c_s\alpha)}{(p_{S2}+h-c_0+c_s)}$。

从分包商的角度来讲,因为 $\dfrac{\mathrm{d}\eta^{III}}{\mathrm{d}c_s} = \dfrac{v(h+c_a-c_0)(\beta-\alpha)^2}{(p_{S2}+h-c_0+c_s)} > 0$,当给定分包商能力转包数量 Q_{S1} 时,单位缺货成本 c_s 值的增加将致使满足 Q_{S1} 的可能

性 $1-F_Y\left[\dfrac{Q_{S1}-\eta^{III}}{v}\right]$ 提高,从而降低能力供应的不确定性。

在产品服务化供应链协调模型中,下游分包商和集成服务提供商间基于收益共享契约的协调模型中,一层功能型服务提供商以低于单位平均成本的销售价格 p_{S1}^{III} 提供给集成服务提供商,集成服务提供商将其收益与分包商共享,集成服务提供商将其收益的 $(1-\xi^{II})$ 部分返还给分包商。

与 6.3.2 节中销售价格 p_{S1}^{II} 和收益共享契约参数 ξ^{I} 的求解过程相同,可知产品服务化供应链协调模型中,分包商向集成服务提供商提供的销售价格 p_{S1}^{III} 满足 $p_{S1}^{III}=\xi^{II}p_{S2}$。分包商的期望收益为 $E[\pi_{S1}^{III}(p_{S1}^{III})]=(1-\xi^{II})E[\pi_{S1I}^{III}(p_I)]$,集成服务提供商的期望收益为 $E[\pi_{I}^{III}(p_{I}^{III},Q_{I}^{III})]=\xi^{II}E[\pi_{S1I}^{III}(p_I)]$。

此时,分包商和集成服务提供商的最优期望收益均大于其在分散状态下的最优期望收益,即 $E[\pi_{S1}^{III}(p_{S1}^{III})]>E[\pi_{S1}(p_{S1}^{*})]$ 和 $E[\pi_{I}^{III}(p_{I}^{III},Q_{I}^{III})]>E[\pi_{I}(p_{I}^{*})]$ 同时成立,由此可以求得收益共享契约参数 ξ^{II} 的取值范围。

6.4 数值仿真分析

通过数值分析验证上述结论的有效性。假设 $D=500000, k=2$,则 $m(p_I)=500000p_I^{-2}$。供应商拥有的固定能力 $v=500$,固定能力下单位成本 $c_0=2$,额外能力下单位成本 $c_a=2.5$,单位销售价格 $p_{S2}=6$,单位空闲成本 $h=2.3$,供应商的能力不确定性服从 $Y\sim U[0,0.22]$,即 $\alpha=0,\beta=0.22$。分包商拥有的能力 $u=500$,单位成本 $c_{S1}=3$,单位缺货成本 $c_s=1$。集成服务提供商的风险态度 $z=1.5$。$Q(p_{S1})=ap_{S1}^{-b}$,其中 $a=3000, b=1.75$。

6.4.1 分散状态下的结果分析

由 $\dfrac{dE[\pi_{S1}(p_{S1})]}{dp_{S1}}=0$ 可得分包商的最优销售价格 $p_{S1}^{*}=7$,将 $p_{S1}^{*}=7$ 代入式 $Q_I^{*}=zD\left[\dfrac{kzp_{S1}^{*}}{(k-1)\varepsilon}\right]^{-k}$ 和 $p_I^{*}=\dfrac{(kp_{S1}z)}{[(k-1)\varepsilon]}$ 可得集成服务提供商的最优订购数量 $Q_I^{*}=1027$ 和最优销售价格 $p_I^{*}=22.1$。

分包商转包给供应商的订购数量 $Q_{S1}^{*}=Q_I^{*}-\mu=527$。将 $Q_{S1}^{*}=527$ 代入式 $\eta^{*}=\dfrac{Q_{S1}-v(p_{S2}\alpha+c_a(\beta-\alpha)+(h-c_0)\beta)}{(p_{S2}+h-c_0)}$ 可得供应商额外能力决策 $\eta^{*}=38$。

供应商、分包商和集成服务提供商的最优期望收益 $E[\pi_{S2}(\eta^*)]$、$E[\pi_{S1}(p_{S1}^*)]$ 和 $E[\pi_I(p_I^*, Q^*)]$ 分别为 1483、2418 和 10744。供应商不能满足分包商能力需求的不确定性为 $\Pr\left\{Y < \dfrac{(Q_{S1}-\eta^*)}{v}\right\} = F_Y\left[\dfrac{p_{S2}\alpha + c_a(\beta-\alpha) + (h-c_0)\beta}{p_{S2}+h-c_0}\right] = 0.44$。

6.4.2 分包商和供应商协调模型的结果分析

由 $\dfrac{\mathrm{d}E[\pi_{S1}^I(p_{S1})]}{\mathrm{d}p_{S1}} = 0$ 可得分包商的最优销售价格 $p_{S1}^I = 6.85$，以及由 $\dfrac{\mathrm{d}E[\pi_I^I(p_I)]}{\mathrm{d}p_I} = 0$ 可得集成服务提供商的最优销售价格 $p_I^I = 21.6$，则可得集成服务提供商的最优订购量 $Q_I^I = 1072$。则分包商向供应商转包的数量 $Q_{S1}^I = Q_I^I - \mu = 572$，将 $Q_{S1}^I = 572$ 代入 $\eta^I = Q_{S1} - v\dfrac{[p_{S2}\alpha + c_a(\beta-\alpha) + (h-c_0)\beta + c_s\alpha]}{(p_{S2}+h-c_0+c_s)}$ 可得供应商额外能力的最优决策 $\eta^I = 150$。进一步可得供应商、分包商和集成服务提供商的最优期望利润 $E[\pi_{S2}(\eta^I)]$、$E[\pi_{S1}(p_{S1}^I)]$ 和 $E[\pi_I(p_I^I)]$ 分别为 1552、2424 和 10979。

可得供应商满足分包商订购需求的可能性为 $1 - F_Y\left[\dfrac{(Q_{S1}^I-\eta^I)}{v}\right] = 0.62$。可知，与分散状态下相比，供应商能力供应的不确定有所降低。

6.4.3 分包商和集成服务提供商协调模型的结果分析

在分包商和集成服务提供商的协调模型中，可得集成服务提供商的最优订购量 $Q_I^{II} = 1397$ 和最优销售价格 $p_I^{II} = 18.9$，则分包商向供应商转包的数量 $Q_{S1}^{II} = Q_I^{II} - \mu = 897$。

在收益共享契约状态下，分包商和集成服务提供商的联合期望收益 $E[\pi_{S1I}^{II}(p_I^{II}, Q_I^{II})]$ 为 15685。在分包商和集成服务提供商的协调模型中，需满足分包商和集成服务提供商的最优期望利润均大于其在分散状态下的最优期望收益，即 $E[\pi_{S1}(p_{S1}^{II})] > E[\pi_{S1}(p_{S1}^*)]$ 和 $E[\pi_I(p_I^{II})] > E[\pi_I(p_I^*, Q^*)]$ 同时成立，由此可得收益共享契约参数的取值范围为 $0.685 < \xi^I < 0.845$，只要收益共享契约参数的取值满足上述范围，分包商和集成服务提供商均会接受该协调契约，至于收益共享契约参数取何值取决于两者的地位和谈判能力。

第6章 产品服务化供应链能力协调机制设计研究

在上述收益共享契约参数取值范围内,可实现对收益增加值的任意分配,这就为集成服务提供商或分包商处于不同地位时获取相关收益提供了柔性。在上述契约参数取值范围内,集成服务提供商和分包商的期望收益变化趋势如图 6-2 所示。

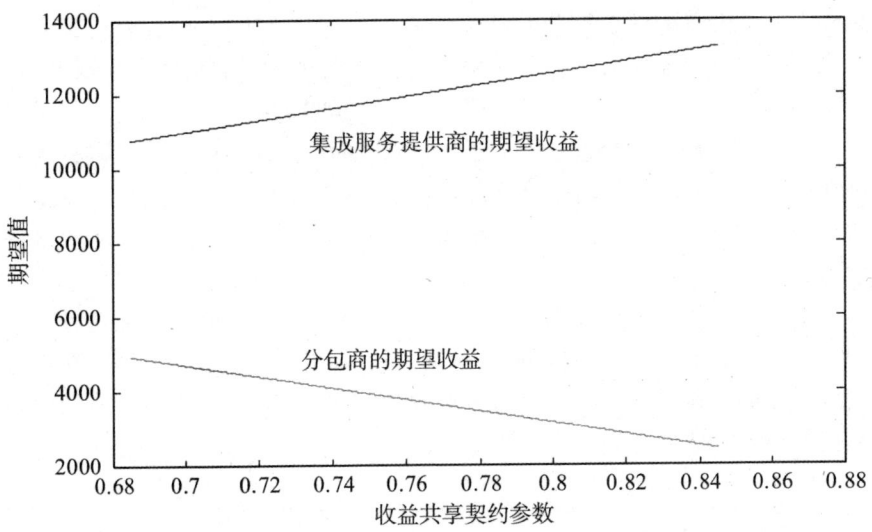

图 6-2 期望收益与收益共享契约参数的关系

将 $Q_{S1}^{II}=897$ 代入 $\eta_I^{II}=Q_{S1}^{II}-v\dfrac{[p_{S2}\alpha+c_a(\beta-\alpha)+(h-c_0)\beta+c_s\alpha]}{(p_{S2}+h-c_0+c_s)}$ 可得供应商的最优额外服务能力决策 $\eta_I^{II}=475$。进一步可得供应商 $E[\pi_0(\eta_I^{II})]$ 的最优期望利润为 2172。此时供应商的能力不确定性为 $F_Y\dfrac{[p_{S2}\alpha+c_a(\beta-\alpha)+(h-c_0)\beta]}{(p_{S2}+h-c_0)}$,与分散状态下相比,没有发生变化。

6.4.4 产品服务化供应链协调模型的结果分析

由 $p_I^{\#}=\dfrac{k[2zp_{S2}(\beta-\alpha)-r(p_{S2}+c_s)(\theta-\alpha)^2]}{2(k-1)[(\beta-\theta)\varepsilon+\int_a^\theta\int_0^{z-r(\theta-y)}(1-F_T(t))\mathrm{d}t\mathrm{d}y]}$ 可得集成服务提供商的最优销售价格 $p_I^{III}=14.75$,则可知集成服务提供商的最优订购量 $Q_I^{III}=1497$。

分包商转包给供应商的数量为 $Q_{S1}^{III}=Q_I^{III}-\mu=997$,将 $Q_{S1}^{III}=997$ 代入 $\eta^{III}=Q_{S1}^{III}-v\dfrac{[p_{S2}\alpha+c_a(\beta-\alpha)+(h-c_0)\beta+c_s\alpha]}{(p_{S2}+h-c_0+c_s)}$ 可得供应商的额外能力决

策为 $\eta_I^{III}=575$,则供应商的最优期望收益 $E[\pi_{S2}(\eta_I^{III})]$ 为 2552。可知供应商满足分包商需求的可能性为 $1-F_Y\left[\dfrac{(Q_{S1}^{III}-\eta_I^{III})}{v}\right]=0.62$,与分散状态下相比,供应商能力供应的不确定有所降低。

对于分包商和集成服务提供商而言,在收益共享契约状态下,分包商和集成服务提供商的联合期望收益 $E[\pi_{S1I}^{II}(p_I^{II},Q_I^{II})]$ 为 17136。分包商和集成服务提供商的最优期望利润均大于其在分散状态下的最优期望收益,即 $E[\pi_{S1}^{III}(p_{S1}^{III})] > E[\pi_{S1}(p_{S1}^{*})]$ 和 $E[\pi_I^{III}(p_I^{III},Q_I^{III})] > E[\pi_I(p_I^{*})]$ 同时成立,由此可得收益共享契约参数的取值范围为 $0.627<\xi^{II}<0.815$,只要收益共享契约参数满足上述取值范围,分包商和集成服务提供商均会接受该协调契约,至于收益共享契约参数取何值取决于两者之间的地位和谈判能力。

由于收益共享契约参数在保证双方协调的基础上,可以实现对收益增加值的任意分配,这就为集成服务提供商或分包商处于不同地位时获取相关收益提供了柔性。在上述契约参数取值范围内,集成服务提供商和分包商的期望收益变化趋势如图 6-3 所示。

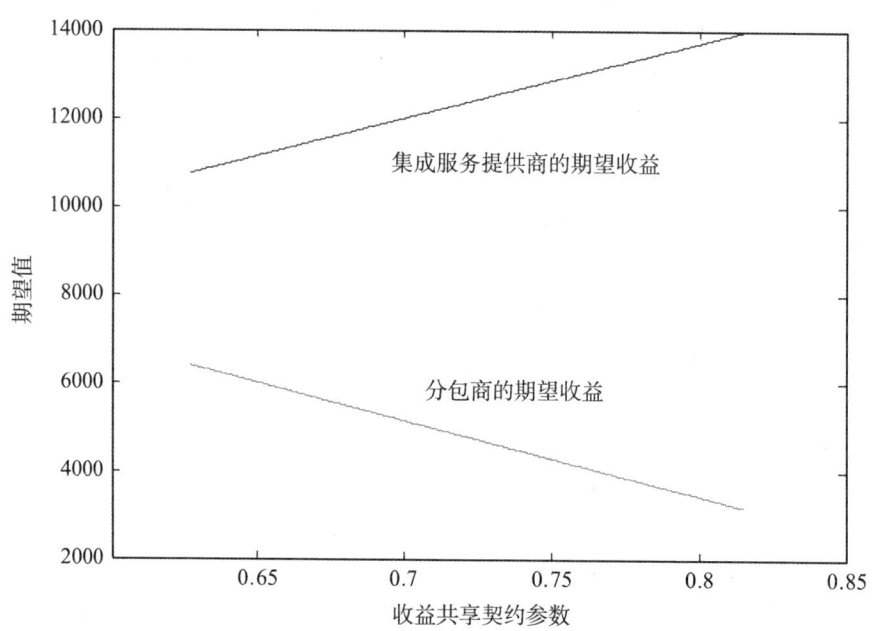

图 6-3　产品服务化供应链协调模型中期望收益与
　　　　收益共享契约参数的关系

6.5 本章小结

本章综合考虑供应和需求均具有不确定性,探讨产品服务化供应链的能力协调问题,构建基于惩罚和收益共享的联合契约的协调模型,以期提高产品服务化供应链的整体收益及各成员企业的收益。

首先,对分散状态下产品服务化供应链中各成员企业的决策行为进行了分析。分析得出,在分散状态下,供应商不能满足分包商转包能力需求的可能性 $\left[\Pr\left[Y<\dfrac{(Q_{S1}-\eta^*)}{v}\right]=F_Y\left[\dfrac{p_{S2}\alpha+c_a(\beta-\alpha)+(h-c_0)\beta}{p_{S2}+h-c_0}\right]\right]$ 与转包需求量 Q_{S1} 无关,而且是固定。所以,在分散状态下的产品服务化供应链中,分包商将不会努力去消除能力供应的不确定性,以及此时市场需求的不确定性由集成服务提供商单独承担。

接着,分为三种情形对产品服务化供应链的协调模型进行了分析。其中,针对供应不确定,构建了基于惩罚契约的分包商和供应商间的协调模型。研究得出,当分包商实施惩罚措施时,分包商转包需求量 Q_{S1} 增加带来的收益可以弥补供应商的缺货损失,所以供应商将接受该惩罚协调契约,同时提高其能力供应的可能性。针对需求不确定,构建了基于收益共享契约的分包商和集成服务提供商间的协调模型。研究得出,与分散状态下相比,集成服务提供商的订购数量,以及分包商和集成服务提供商期望联合收益增加。但供应商的能力供应不能满足转包需求的不确定性 $F_Y\dfrac{[p_{S2}\alpha+c_a(\beta-\alpha)+(h-c_0)\beta]}{(p_{S2}+h-c_0)}$ 却没有改变。由于缺乏供应商的能力共享信息,此时分包商和集成服务提供商的联合期望最优收益 $E[\pi_{S1I}^{II}(p_I^{II},Q_I^{II})]$ 未必能实现。在此基础上,构建了基于惩罚和收益共享的联合契约的产品服务化供应链协调模型。在该协调模型中,供应商与分包商和集成服务提供商共享其能力信息,分包商实施惩罚措施促使供应商降低能力供应不确定性,以及在基于收益共享契约的协调模型中集成服务提供商与分包商共享其收益信息。研究得出,在基于惩罚和收益共享的联合契约的协调模型中,降低了能力供应的不确定性,同时减弱了市场需求不确定带来的影响,实现产品服务化供应链整体收益的提高,并保证产品服务化供应链上各成员企业的收益均得到了提高。

参考文献

[1] Z K. Weng. The power of coordinated decisions for short-life-cycle products in a manufacturing and distribution supply chain[J]. IIE Transactions,1999,31(11):1037-1049.

[2] G P. Cachon. Supply chain coordination with contracts[R]. Working paper,University of Pennsylvania,Philadelphia,PA. 2002.

[3] 陈菊红,郭福利,史成东.需求具有价格敏感性的供应链收益共享契约设计研究[J].中国管理科学,2008,16(3):78-83.

[4] 但斌,娄云等.服务促进销售的产品服务供应链定价与优化策略[J].管理评论,2017,8:211-222.

[5] 冯庆华,陈菊红,刘通.产品服务化供应链核心企业的服务模式决策研究[J].运筹与管理,2017,01:190-199.

第 7 章　产品服务化供应链收益分配协调机制设计研究

产品服务化供应链上各成员企业相互协作共同完成客户需求后,成员企业间将要进行收益分配,而收益分配的合理性与否关系到产品服务化供应链运作的稳定性和长期性。本章主要对产品服务化供应链的收益分配协调问题进行研究。

一般来讲,在产品服务化供应链上,集成服务提供商在整个运作过程中具有主动权,但是还需考虑与上游成员企业间的收益分配协调问题。委托代理理论认为,成员企业个体总是追求自身收益最大化,而协调机制安排只能在满足成员企业个体理性的基础上实现整体收益的最大化。为此,在与上游成员企业合作的过程中,集成服务提供商必须充分考虑到收益分配协调机制对上游成员企业后续行为的影响,使双方在互利的基础上对收益的合理分配达成一致,以便在以后的合作过程中充分发挥产品服务化供应链资源互补的优势,实现共同盈利。

在产品服务化供应链收益分配协调机制设计中,本章欲采用 Shapley 值法,但在传统 Shapley 值法仅考虑各成员企业贡献率单一因素的基础上,引入其他影响因素,以实现对 Shapley 值法的改进,以及在确定各影响因素权重时,运用 ANP 以克服 AHP 的局限性。在此基础上,设计出更加合理的产品服务化供应链收益分配协调机制。

7.1　问题描述

产品服务化供应链由三个成员企业构成,分别为集成服务提供商、分包商和供应商,现研究如何在产品服务化供应链三个成员企业中合理的收益分配问题。

假设产品服务化供应链上成员企业初始投资额分别记为 $I_i(i=1,2,3)$,各成员企业承担相应的风险分别为 $R_i(i=1,2,3)$。

这三个成员企业构成的产品服务化供应链实际上是一个多人合作对策

问题,成员企业就是对策中的"人",产品服务化供应链记为 N。设其中的子集也就是产品服务化供应链上三个成员企业中的部分成员企业形成的整体为 S,$v(N)$ 为整个产品服务化供应链的总收益。

产品服务化供应链收益分配协调取决于多种影响因素,然而基于 Shapley 值法的收益分配策略仅考虑各成员企业的贡献率。除此之外,产品服务化供应链上各成员企业的投资额也是影响收益分配协调问题的一个重要因素。因为,无论在传统经济学,还是现代经济学中,投资额的大小都是影响收益分配的重要因素之一。而仅根据产品服务化供应链上各成员企业的贡献率和其自身投资额的大小来进行收益分配也存在局限性。例如,在激烈的市场竞争中,风险是无处不在的。

此外,产品服务化供应链为客户提供产品服务系统,尤其是产品服务系统中的服务可以对竞争对手和客户形成壁垒,创造客户依赖,增加产品服务系统的差异化程度,有助于增强竞争优势,而服务竞争的关键是提高服务创新能力。同时,由于服务的易逝性等固有特性,对产品服务化供应链上各成员企业的响应时间提出了更高的要求。因此,本质上讲,产品服务化供应链收益分配协调实际上就是一个多目标优化问题。

在 Shapley 值法仅考虑成员企业贡献率的基础上,引入成员企业的投资额、承担的风险、创新能力、响应时间等因素,综合考虑上述因素的影响,分别运用 AHP 和 ANP 确定上述影响因素的权重,并对不同策略下的收益分配结果进行对比分析。

7.2 基于 Shapley 值法的产品服务化供应链收益分配协调模型

Shapley 值法是用于解决多人合作对策问题的一种有效方法,其本质思想是根据合作中的人给合作带来的增值比例进行收益分配。

在该产品服务化供应链中,设集合 $N=\{1,2,3\}$,如果对于 N 的任一子集(表示三个成员企业集合中的任一组合)都对应着一个实值函数 $v(S)$,满足:

$$v(\emptyset)=0 \tag{7.1}$$

$$v(S_1 \cup S_2) \geqslant v(S_1)+v(S_2) \tag{7.2}$$

其中,$[N,v]$ 为三个成员企业合作对策,v 为对策的特征函数,$S_1 \cap S_2 = \emptyset(S_1 \subseteq I, S_2 \subseteq I)$。

通常情况下，用 x_i 表示 N 中 i 成员从合作的最大收益 $v(N)$ 中应得到的一份收益。$v(i)$ 为成员企业 i 单独作业的收益。在合作 N 的基础下，合作对策的分配用 $x=(x_1,x_2,\cdots,x_n)$ 表示。显然该合作成功必须满足如下条件：

$$\begin{cases} \sum_{i=1}^{n} x_i = v(N) \\ x_i \geqslant v(i), (i=1,2,3) \end{cases} \tag{7.3}$$

在基于 Shapley 值法的产品服务化供应链的收益分配中，合作 N 下的各个成员企业所得收益分配称为 Shapley 值，并记作 $\varphi(v)=(\varphi_1^1(v),\varphi_2^1(v),\varphi_3^1(v))$，其中 $\varphi_i^1(v)$ 表示在合作 N 下第 i 成员企业所得的收益分配。

为了和下述四种策略下的收益分配结果区分，分别用 $\varphi_1^1(v),\varphi_2^1(v),\varphi_3^1(v)$ 表示基于 Shapley 值法的产品服务化供应链上成员企业 1（集成服务提供商）、成员企业 2（分包商）和成员企业 3（供应商）的收益分配结果。

其中，$\varphi_i^1(v)$ 可由下式求得：

$$\begin{cases} \varphi_i^1(v) = \sum_{s \in s_i} w(|S|)[v(S)-v(S \backslash i)], i=1,2,3 \\ w(|S|) = \dfrac{(n-|S|)!(|S|-1)!}{3!} \end{cases} \tag{7.4}$$

式中，S_i 为集合 N 中包含成员企业 i 的所有子集；$|S|$ 为子集 S 中的元素个数；n 为集合 N 中的元素个数；$w(|S|)$ 为加权因子；$v(S)$ 为子集 S 的收益；$v(S \backslash i)$ 为子集 S 中去除成员企业 i 后可获得的收益。

若令 $\Delta v_i = v(S) - v(S \backslash i)$，则 Δv_i 表示产品服务化供应链中成员企业 i 对产品服务化供应链子集 S 效用的影响，Δv_i 越大表示成员企业 i 对产品服务化供应链子集 S 的贡献越大，反之则表示贡献越小。

7.3 其他情形下的产品服务化供应链收益分配协调模型

除贡献率外，产品服务化供应链收益分配协调还受其他因素的影响，如各成员企业的投资额、承担的风险、创新能力和响应时间等。从上述不同的影响因素出发，产品服务化供应链收益分配协调的结果也不尽相同。接下来探讨不同情形（影响因素）下的产品服务化供应链收益分配协调模型。

7.3.1 基于投资额的产品服务化供应链收益分配协调模型

产品服务化供应链上各成员企业的投资额也是影响收益分配协调的一个重要因素。实质上讲,基于投资额大小的收益分配策略,即根据各成员企业的投资额占项目总投资额的比重确定最后的收益分配比例,而投资额具体包括:启动资金(用于购买设备、设施、技术等的投资)、人力资本(雇佣技术工人、工程师、技术专家等的人力资本)、融资成本(不但考虑成员企业的融资数量,还要考虑其融资成本)。

成员企业投资额的确定有事前确定和事后确定两种方法。其中,事前确定是指根据各成员企业申报的预算来确定;事后确定则是指在任务完成以后,根据各成员企业的实际付出来确定成员企业的投资额。本章采用事后确定的方法。

本章从启动资金、人力资本和融资成本等三个方面对产品服务化供应链上各成员企业的投资额进行综合对比与分析。产品服务化供应链中各成员企业的投资额向量用下式表示:

$$I=(I_1,I_2,I_3)$$

则有基于投资额的产品服务化供应链上各成员企业的收益分配结果为:

$$\varphi_i^2(v)=\frac{I_i}{\sum_{i=1}^{3}I_i}v(N),i=1,2,3$$

7.3.2 基于承担风险的产品服务化供应链收益分配协调模型

仅根据产品服务化供应链上各成员企业的贡献率和投资额的大小进行收益分配也有不足之处。因为在激烈的市场竞争中,风险是无处不在的,每个成员企业均会面临风险,但面临的市场风险高低程度不同。例如,在产品服务化供应链中,由于客户为产品服务系统的使用持续支付费用,使许多风险转移至集成服务提供商,从而造成集成服务提供商承担的风险强度增大。因此,若产品服务化供应链收益分配协调机制未考虑各成员企业所承担风险强度不同,该收益分配策略则有失公平性。承担风险越大的成员企业得到的回报也应该越多,即所谓的高风险高回报。

供应链上成员企业面临的风险形式多种多样,一些国内外学者对供应链中成员企业面临风险的种类进行了研究。例如,冯蔚东等将企业与企业合作中的风险分为市场风险、技术风险和合作风险等。

第7章 产品服务化供应链收益分配协调机制设计研究

周艳菊等在前人关于供应链风险管理的研究基础上将供应链风险因素分为需求风险、经营风险、供应风险、环境风险、制度风险和信息技术风险等。

M. Christopher 等,B. David 等将供应链面临的风险归结为供应风险、需求风险、过程风险和控制风险等。

A. Brodsky 等从应用服务提供商、客户以及服务交易、信息网络技术等角度进行研究,认为应用服务供应链在运作过程中所面临的市场需求不确定性的风险主要由交易双方信息不对称而产生的道德风险、逆向选择。

从产品服务化供应链系统的结构模型出发,产品服务化供应链上各成员企业面临的风险表现为:其"输出端"面临市场需求风险、"输入端"面临市场供应风险,整个系统面临"市场环境风险"和"市场制度风险"等。

其中,市场需求风险是指产品服务化供应链上各成员企业面临的下游成员企业或客户需求不确定的风险;市场供应风险是指产品服务化供应链上下游成员企业或客户面临的上游成员企业能力供应不确定的市场风险;市场环境风险是指产品服务化供应链上各成员企业面临的来自于直接竞争对手、潜在竞争对手或替代型竞争对手的风险;市场制度风险是指产品服务化供应链上各成员企业面临的由于制度的制定、执行和修改完善不到位引起的风险。

本章从市场需求风险、市场供应风险、市场环境风险和市场制度风险等综合衡量产品服务化供应链上各成员企业所承担的风险。

产品服务化供应链上各成员企业所承担风险的向量为 $R=(R_1,R_2,R_3)$,且 $\sum_{i=1}^{3}R_i=1$,则基于承担风险的产品服务化供应链上各成员企业的收益分配结果为:

$$\varphi_i^3(v)=R_iv(N), i=1,2,3$$

7.3.3 基于创新能力的产品服务化供应链收益分配协调模型

服务可以对竞争对手和客户形成壁垒,创造客户依赖,增加产品服务系统的差异化程度,有助于增强竞争优势(Vandermerwe & Rada,1988)。而服务竞争的关键是提高服务创新能力(许庆瑞等,2003)。

服务创新可以狭义和广义两个方面理解(鲁若愚等,2000):从狭义上讲,服务创新是指为获得更大的经济利益和更高的社会效应,向目标客户提供更加完整和更加高效的"服务包";从广义上讲,服务创新是指各类组织或部门不断为客户提供无形的服务、有形的产品或两者的结合,以创造更高的价值增值,增强客户满意度和忠诚度。

蔺雷等指出服务创新主要包括创新的无形性、新颖度范围广、多样性、客户导向、主要针对企业层次等,且"无形性"是核心内容。

Y. Hofman等在服务创新概念进行了整合分类之后,提出了一个服务创新的四维度模型,如图 7-1 所示。

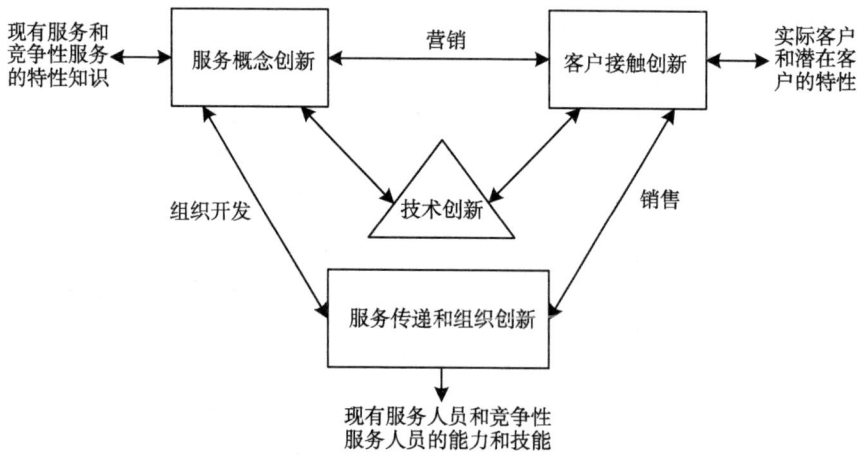

图 7-1　服务创新的四维度模型

1. 服务概念创新

服务概念创新是指解决问题的思维方式和方法创新。丁宁构建了一个由核心策略、战略资源、客户界面和价值网络等构成的服务概念创新模型,进一步指出该模型中的要素除了其内部具有十分密切的关系外,其相互之间的关系也是具有很强的依赖性。

2. 客户接触创新

服务创新在很大程度上是"以客户为中心的"一系列活动,其目的是通过创造新服务来满足客户当前的和潜在的需求。

客户接触反映了客户和服务生产环节接触的纵深程度(Mills P K, Morris J H.,1986)。I. Alami,J. Matthing 等通过对新服务开发过程中客户—企业交互程度的实证研究,发现在服务概念开发以及商业分析阶段,客户参与开发有助于提高企业服务创新的成功率。Skaggs 等运用客户—企业交互的方法界定了企业的服务战略,认为服务企业的战略定位在客户交互方面体现出一定的差异化。张若勇等在 Skaggs 等的研究基础上,把客户—企业交互分为三个维度:合作生产、客户接触以及服务定制等。

3. 服务传递和组织创新

服务传递系统是指服务组织如何将服务从组织的后台传递至前台并提供给客户的综合系统，其内涵是服务组织的运作和管理过程。

从其组成部分来看，服务传递包括硬件要素和软件要素系统，硬件要素是服务传递系统的有形部分，主要包括服务设施、布局、技术以及所使用的厂房、通讯设备等；软件要素是服务传递系统的无形部分，主要包括服务传递流程和员工素质等。

服务传递系统必须最大程度上使客户满意，同时能够有效提高服务组织的运营效率和控制运营成本。许多服务的观念是可以被竞争者效仿的，但是一个设计合理的服务传递系统却无法简单抄袭。因此，服务传递系统就成为潜在竞争者的一道障碍，成为服务组织的核心竞争优势（刘建国，2005）。

4. 技术创新

技术创新在服务创新中扮演着重要角色，"技术"和"服务创新"也存在广泛的关系（蔺雷等，2004）。

杨忠敏将企业技术创新能力评价指标归纳为创新资源投入能力、创新管理能力、创新倾向、R&D能力、制造能力、营销能力等。

唐炜等对企业技术创新能力评价理论研究进行了综述，并归纳出基于要素观的企业技术创新能力评价指标体系（人员能力、信息能力、设备能力、组织能力）、基于三阶段过程的企业技术创新能力评价指标体系（创新投入能力、创新实施能力、创新实现能力、创新管理能力等）、基于五阶段过程的企业技术创新能力评价指标体系（市场需求技术分析、技术创新构思与规划、R&D、生产、价值实现等）。

本章采用 Y. Hofman 等提出的服务创新的四维度模型，从服务概念创新、客户接触创新、服务创新和组织创新、技术创新等方面综合衡量产品服务化供应链上各成员企业的创新能力。

其中，服务概念创新是产品服务化供应链上各成员企业在核心策略、战略资源、客户界面和价值网络等方面上的创新；客户接触创新是指产品服务化供应链上各成员企业与下游成员企业或客户间的纵深接触程度；服务传递和组织创新是指产品服务化供应链上各成员企业产品或服务创造和传递上的创新；技术创新是指产品服务化供应链上各成员企业采用现代信息技术和先进制造技术的能力。

假设产品服务化供应链上各成员企业创新能力向量为：

$$F^4 = (F_1^4, F_2^4, F_3^4)$$

且 $\sum_{i=1}^{3} F_i^4 = 1$，则基于创新能力的产品服务化供应链上各成员企业收益分配结果为：

$$\varphi_i^4(v) = F_i^4 v(N), i = 1, 2, 3$$

7.3.4 基于响应时间的产品服务化供应链收益分配协调模型

时间因素成为价格因素外另一重要的供应链竞争力来源。为此，J G. Stalk 提出了基于时间的竞争（Time-based competition）和时间压缩（Time compression）等概念。

马士华等认为供应链响应时间是从客户下达订单到最终产品交付的生产和物流过程的整个经历时间，指出优化和缩短响应周期是快速响应需求的有效途径之一，并构建了基于二层规划的供应链多阶响应周期决策模型。

付秋芳等将供应链响应时间分为订单处理周期、采购或供应周期、产品加工周期、产品分销环周期等四个部分，指出供应链响应时间不是单指哪一个阶段或哪一个子系统，并运用环节分析法对供应链的响应时间结构模型进行了研究。

相比于有形产品，服务对时间提出了更高的要求。E. Kalai 等讨论了最优服务提前期的问题，目标是研究关于服务速度的竞争结果。在此基础上，提出了面向服务的工作性能评价模型，其中过程时间等于关键路径上的活动时间之和，活动时间等于延迟时间与处理时间之和。

按照客户从发出需求开始到需求被接受，中间经过产品加工，到客户接受经历的时间，以及使用过程中的投诉从提出到被接受所经历的时间的先后过程。本章从订单处理时间、服务准备时间、服务提供时间、投诉响应时间等方面衡量产品服务化供应链上各成员企业的响应时间。

其中，订单处理时间是从产品服务化供应链下游客户或成员企业发出需求到上游成员企业接受该需求所经历的平均时间；服务准备时间是指产品服务化供应链上成员企业从接受订单到服务提供开始所经历的时间；服务提供时间是指产品服务化供应链上各成员企业从为下游成员企业或客户提供服务过程所经历的时间；投诉响应时间是指产品服务化供应链上各成员企业从收到下游成员企业或客户的投诉到接受并处理所经历的时间。

假设产品服务化供应链上各成员企业的响应时间向量为：

$$T^5 = (T_1^5, T_2^5, T_3^5)$$

且 $\sum_{i=1}^{3} T_i^5 = 1$，则基于响应时间的产品服务化供应链上各成员企业的收益分配结果为：

$$\varphi_i^5(v) = T_i^5 v(N), i=1,2,3$$

7.4 综合策略下产品服务化供应链收益分配协调模型

上述几种策略(Shapley 值法、投资额、承担风险、创新能力、响应时间等)均是从某单一视角探讨产品服务化供应链的收益分配协调，相当于单目标优化问题。而实际上，产品服务化供应链的收益分配协调是个复杂系统问题，受到诸多因素的影响，是个多目标优化问题。

因此，从理论上讲，影响产品服务化供应链收益分配协调的因素均应该被考虑进去。而如何确定产品服务化供应链收益分配协调影响因素的权重是接下来需要解决的问题。下面将分别运用 AHP 和 ANP 探讨各影响因素权重的确定，并进行对比分析。

7.4.1 基于 AHP 权重的产品服务化供应链收益分配协调模型

AHP 是将一个复杂的多目标决策问题作为一个系统，将目标分解为多个目标或准则，进而分解为多指标的若干层次，通过定性指标模糊量化方法算出层次单排序(权重)和总排序，以作为目标(多指标)优化决策的系统方法。接下来，将运用 AHP 对产品服务化供应链收益分配协调影响因素的权重进行求解分析。具体步骤如下：

1. 产品服务化供应链收益分配协调指标体系的构建

综上所述，可以得出产品服务化供应链收益分配协调指标体系如图 7-2 所示。

从图 7-2 可知，产品服务化供应链收益分配协调指标体系的层次设计共有三级：第一级为目标层，是产品服务化供应链的收益分配协调权重，其权重为 A；第二层为准则层，为反映产品服务化供应链收益分配协调不同的准则，包括贡献率、投资额、承担风险、创新能力、响应时间等五个方面，其权重为 $(B_1, B_2, B_3, B_4, B_5)^T$，对各准则进行两两比较，得到一个判断矩阵；第三级是各准则层的进一步细化，由满足不同要求的 16 项指标构成。

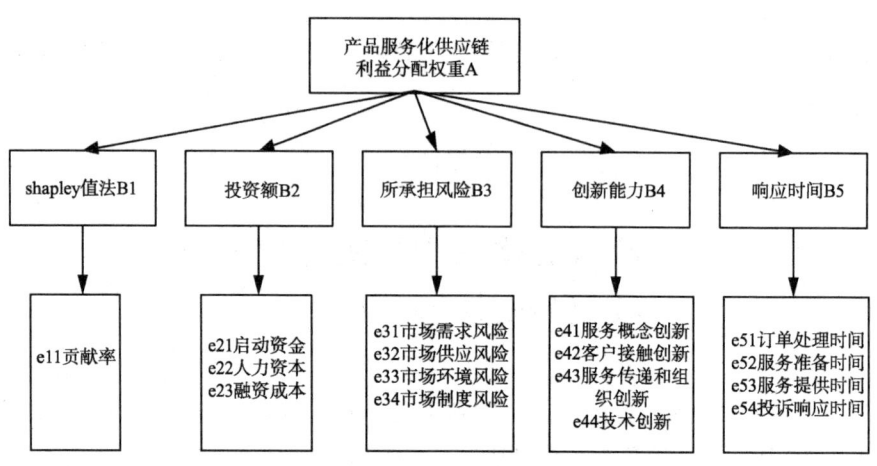

图 7-2　产品服务化供应链收益分配指标体系

2. 产品服务化供应链收益分配协调指标权重设置

由于各指标在产品服务化供应链收益分配协调中的地位以及重要性存在差别,因此需要根据其重要程度赋予相应的值,而权重则是反映某一层指标对上一级指标重要程度的度量值。

权重的设置是否科学,决定收益分配结果的科学性。在 AHP 中,权重设置是通过专家对同层指标两两相互比较,给出一个指标相对于另一个指标重要程度的标度,从而构造判断矩阵进行计算。其中,各指标比较标度标准见表 7-1。

表 7-1　九分位比率比较表

指标1比指标2	极重要	强烈重要	较强重要	稍微重要	同等重要
指标1评价值	9	7	5	3	1
备注	中间值取 8,6,4,2 等,倒数含义为反意。					

3. 构造判断矩阵

从产品服务化供应链收益分配协调指标体系的第二层开始,对于从属于(或影响)上一层每个指标的同一层诸指标,用两两比较法和 1~9 比较尺度构造成对判断矩阵,直到最底层。

4. 计算权向量并做一致性检验

对于每一个判断矩阵计算最大特征根及对应特征向量,利用一致性指标、随机一致性指标和一致性比率做一致性检验。若一致性检验通过,特征向量(归一化后)即为权向量;若不通过,需重新构造成对判断矩阵。

而一致性指标 CI 表示为:$CI = \frac{\lambda_{max} - n}{n-1}$。其中,$n$ 和 λ_{max} 分别为上述各判断矩阵的阶数和最大特征值。

随机一致性指标 RI 和判断矩阵的阶数有关,一般情况下,判断矩阵阶数越大,则出现一致性随机偏离的可能性也越大,其对应关系见表 7-2。

表 7-2 平均随机一致性指标 RI 标准值

矩阵阶数	3	4	5	6	7	8	9
RI	0.5149	0.8931	1.1185	1.2494	1.3450	1.4200	1.4616

一致性指标比率 CR 表示为 $CR = \frac{CI}{RI}$。当 CR<0.1 时,则认为判断矩阵具有满意的一致性。

5. 计算组合权向量并做组合一致性检验

计算产品服务化供应链收益分配协调指标体系最底层对目标的组合权向量,并根据公式做组合一致性检验。

6. 综合策略下基于 AHP 权重的产品服务化供应链收益分配模型

设由上述计算得到产品服务化供应链各收益分配协调策略的权重向量 $\alpha = (\alpha_1, \alpha_2, \alpha_3, \alpha_4, \alpha_5)$,以及在五种情形下产品服务化供应链上成员企业 i 得到的收益分配向量 $m_i = (m_{i1}, m_{i2}, m_{i3}, m_{i4}, m_{i5})$,则基于 AHP 权重的产品服务化供应链上各成员企业分得的收益 $\varphi_i(v)$ 为:

$$\varphi_i(v) = \sum_{n=1}^{5} \alpha_n m_{in}, i = 1, 2, 3, n = 1, 2, \cdots, 5$$

7.4.2 基于 ANP 权重的产品服务化供应链收益分配协调模型

在基于 AHP 的产品服务化供应链影响因素权确定模型中,同一层中的因素(贡献率、投资额、所承担风险、创新能力和响应时间等)被假设为是相互独立的,但在产品服务化供应链收益分配协调的影响因素中,元素集间(如投资额与贡献率等)存在依赖关系,下层元素对上层元素也存在支配作用,即存在反馈。此外,元素集(如所承担风险、创新能力、响应时间等)内的元素间也存在影响关系。此时,产品服务化供应链收益分配协调影响因素间关系的结构更类似于网络结构。

ANP正是适应这种需求,由AHP延伸发展得到的系统决策方法,其克服AHP确定产品服务化供应链收益分配协调影响因素权重的局限性。因此,本章运用ANP给出基于每个单一因素的收益分配方法赋予一个权重,最后利用线性加权和的方法求得产品服务化供应链上各成员企业的收益分配额。应用ANP的基本步骤如下:

1. 确定产品服务化供应链收益分配协调的目标、准则

根据上述分析,从贡献率、投资额、所承担风险、创新能力和响应时间等五个准则出发,对产品服务化供应链的收益分配协调进行衡量。

2. 依据目标、准则构建产品服务化供应链收益分配协调的ANP网络

可知产品服务化供应链收益分配协调的ANP网络如图7-3所示。由图7-3中,由元素集间的箭头连线可知,不同元素集间(如响应时间与创新能力等)的元素之间存在外部依赖或反馈关系,同时元素集(如创新能力等)内部元素存在内部依赖关系。

其中,影响和反馈的方向是相反的,即如果元素启动资金 e_{21} 影响元素贡献率 e_{11},应该连成启动资金 $e_{21} \rightarrow e_{11}$ 贡献率,即该箭头方向表达的是影响关系。双向箭头表示元素之间存在相互影响关系。方便起见,本章约定箭头所指的元素为父元素,箭尾的元素为子元素,子元素影响父元素。

在这里,相比于AHP,主要多考虑了启动资金、人力资本、融资成本等因素,市场供应风险、市场环境风险等因素,服务概念创新、客户接触创新、服务传递和组织创新、技术创新等因素,订单处理时间、服务准备时间、服务提供时间、投诉响应时间等因素与贡献率间的相互影响关系。

启动资金、人力资本、融资成本等投资额因素和市场供应风险等承担风险因素与服务概念创新、服务传递和组织创新、技术创新等创新能力因素,以及订单处理时间、服务准备时间、投诉响应时间等响应时间因素间的相互影响关系。

市场供应风险、市场环境风险、市场环境风险、市场制度风险等因素和启动资金等投资额因素与服务提供时间等响应时间因素,以及技术创新等创新能力因素间的相互影响关系。

服务概念创新、客户接触创新、服务传递和组织创新、技术创新等因素与订单处理时间、服务准备时间、服务提供时间、投诉响应时间等响应时间因素间的相互影响关系。

第 7 章　产品服务化供应链收益分配协调机制设计研究

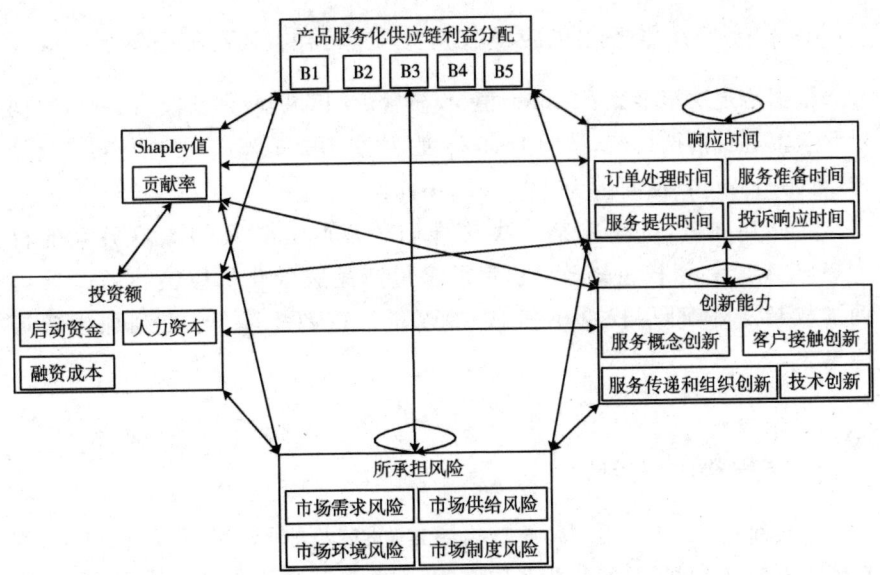

图 7-3　产品服务化供应链收益分配协调的 ANP 网络图

此外,也考虑到在同一元素集中元素之间的相互影响关系,如所承担风险元素集内市场环境风险对市场供应风险的影响等;创新能力元素集内各元素间相互影响关系;响应时间元素集内服务准备时间对服务提供时间的影响等。

3. 构建产品服务化供应链收益分配协调的未加权超矩阵

在确定产品服务化供应链收益分配协调的 ANP 网络后,要针对每一个父元素构建判断矩阵,比较子元素对父元素的影响优先程度。如在 Shapley 值(贡献率)准则下,分别以投资额、承担风险、创新能力、响应时间为次准则,对其同一元素集(投资额、承担风险、创新能力、响应时间)中的元素进行两两比较,构造判断矩阵,并求得归一化特征向量。

同理,以其他准则如投资额、承担风险、创新能力、响应时间等为主准则,并以相应次准则,对同一元素集中的元素进行两两比较,构造判断矩阵,并求得归一化特征向量,共有五个。

在基础上,获得产品服务化供应链收益分配协调的未加权超矩阵 W_s,但未加权矩阵 W_s 不是列归一的,只是各个子块 W_{ij} 是列归一,因而无法显示各元素的优先程度。因此,还需对元素集进行两两比较,构造判断矩阵,以使未加权超矩阵转化为加权超矩阵。接下来,将探讨产品服务化供应链收益分配协调加权矩阵的求解。

4. 构建产品服务化供应链收益分配协调的加权超矩阵

依据给定决策准则 Shapley 值、投资额、承担风险、创新能力、响应时间对元素集进行两两比较，按照 1～9 标度，构造判断矩阵 a_j，并进行归一化处理，可得归一化特征向量为：$(a_{1j}, a_{2j}, \cdots, a_{5j})^T$。

在此基础上，可得在某一决策准则下反映元素集间影响关系的权重矩阵 A_s。利用权重矩阵 A_s，就可求得产品服务化供应链收益分配协调加权超矩阵，即用权重矩阵 A_s 乘以未加权超矩阵 W_s 得到加权超矩阵 W_s^w：

$$W_s^w = A_s W_s$$

5. 求得极限超矩阵

在传统的 AHP 方法中，各影响因素（贡献率、投资额、所承担风险、创新能力和响应时间等）间是相互独立的，判断某一决策准则（如投资额）下影响因素（启动资金、人力资本和融资成本）的优先程度只需对两影响因素直接比较即可确定。但在 ANP 方法中，由于考虑到反馈和依赖关系的存在使得影响因素优先程度的确定过程复杂起来。在 ANP 中，影响因素间的比较通常存在两种方式：直接优势度，给定一个准则，直接比较两影响因素对该准则的重要程度；间接优势度，给出一个准则，在该准则下对两个影响因素进行比较。本章采用第二种比较方式。

由于影响因素间存在依赖与反馈关系，因而归一化的处理过程是一个反复迭代、趋稳的过程。因而，在 ANP 中，要通过求极限矩阵的方法确定稳定的元素优先程度。极限矩阵为：

$$W_s^l = \lim_{k \to \infty} W_s^k$$

式中，W_s^l 表示极限超矩阵，W_s^k 表示加权超矩阵。

6. 综合策略下基于 ANP 权重的产品服务化供应链收益分配模型

设由上述计算得到产品服务化供应链各收益分配协调策略的权重向量 $\beta = (\beta_1, \beta_2, \beta_3, \beta_4, \beta_5)$，以及在五种情形下产品服务化供应链上成员企业 i 得到的收益分配向量 $m_i = (m_{i1}, m_{i2}, m_{i3}, m_{i4}, m_{i5})$。则产品服务化供应链上成员企业 i 分得的收益 $\varphi_i(v)$：

$$\varphi_i(v) = \sum_{n=1}^{5} \beta_n m_{in}, i = 1, 2, 3, n = 1, 2, \cdots, 5$$

第7章 产品服务化供应链收益分配协调机制设计研究

7.5 数值仿真分析

为了验证本章的研究结论,下面进行数值仿真分析。

7.5.1 基于 Shapley 值法的产品服务化供应链收益分配结果

产品服务化供应链由集成服务提供商、分包商、供应商构成,分别记为 1,2,3。经谈判协商集成服务提供商、分包商和供应商对整个产品服务化供应链系统的投资额分别为 $I=(I_1,I_2,I_3)=(2600,1800,1200)$,单位为万元。

当产品服务化供应链中集成服务提供商、分包商和供应商三个成员企业单干时,每个成员企业均能获利 $v(1)=v(2)=v(3)=200$ 万元。如果集成服务提供商和分包商联合,可获利 $v(1\cup 2)=750$ 万元;若集成服务提供商和供应商联合,可获利 $v(1\cup 3)=650$ 万元;如果分包商和供应商联合,可获利 $v(2\cup 3)=500$ 万元;若集成服务提供商、分包商和供应商联合,则可获利 $v(1\cup 2\cup 3)=1050$ 万元。可知产品服务化供应链中各成员企业面临的风险为 $R_1>R_2>R_3$。

基于 Shapley 值法的产品服务化供应链上各成员企业的收益分配协调结果见表 7-3。

表 7-3 基于 Shapley 值法的产品服务化供应链收益分配协调结果

	集成服务提供商	分包商	供应商
分配额(万元)	416.6667	341.6667	291.6666

7.5.2 其他情形下产品服务化供应链收益分配结果

下面分别从投资额、所承担风险、创新能力和响应时间等准则给出产品服务化供应链的收益分配协调的结果。

1. 基于投资额大小的产品服务化供应链收益分配结果

产品服务服务化供应链中集成服务提供商、分包商和供应商在整个供应链的投资额分别为 $I=(I_1,I_2,I_3)=(2600,1800,1200)$，按照投资额大小可得产品服务化供应链上各成员企业的收益分配结果为：

$$\varphi_1^2(v)=1050\times\frac{2600}{2600+1800+1200}=487.5 \text{ 万元}$$

$$\varphi_2^2(v)=1050\times\frac{1800}{2600+1800+1200}=337.5 \text{ 万元}$$

$$\varphi_3^2(v)=1050\times\frac{1200}{2600+1800+1200}=225 \text{ 万元}$$

2. 基于承担风险的产品服务化供应链收益分配结果

根据产品服务化供应链上各成员企业的投资收益比，可知各成员企业所承担风险的对比情况见表7-4。

表7-4 承担风险准则下的判断矩阵

	集成服务提供商	分包商	供应商
集成服务提供商	1.0000	2.0000	2.0000
分包商	0.5000	1.0000	1.0000
供应商	0.5000	1.0000	1.0000

可知上述判断矩阵的特征向量为 $(0.5000,0.2500,0.2500)^T$，最大特征值 $\lambda_{\max}=0$，一致性比率 $CR=\frac{CI}{RI}=0<0.1$。

按照上述比例，可知在所承担风险准则下产品服务化供应链上各成员企业的收益分配结果为：

$$\varphi_1^3(v)=1050\times 0.5000=525 \text{ 万元}$$
$$\varphi_2^3(v)=1050\times 0.2500=262.5 \text{ 万元}$$
$$\varphi_3^3(v)=1050\times 0.2500=262.5 \text{ 万元}$$

3. 基于创新能力的产品服务化供应链收益分配结果

从服务概念创新、客户接触创新、服务传递和组织创新、技术创新等方面综合考虑，可知在创新能力准则下产品服务化供应链上各成员企业的对比结果见表7-5。

第 7 章　产品服务化供应链收益分配协调机制设计研究

表 7-5　创新能力准则下的判断矩阵

	集成服务提供商	分包商	供应商
集成服务提供商	1.0000	3.0000	5.0000
分包商	1/3	1.0000	2.0000
供应商	0.2000	0.5000	1.0000

可知上述判断矩阵的特征向量为 $(0.6483, 0.2297, 01220)^T$，一致性比率 $CR = \dfrac{CI}{RI} = 0.0036 < 0.1$。

按照上述比例，可知在创新能力准则下产品服务化供应链上各成员企业的收益分配结果为：

$$\varphi_1^4(v) = 1050 \times 0.6483 = 680.175 \text{ 万元}$$
$$\varphi_2^4(v) = 1050 \times 0.2297 = 241.185 \text{ 万元}$$
$$\varphi_3^4(v) = 1050 \times 0.1220 = 128.64 \text{ 万元}$$

4. 基于响应时间的产品服务化供应链收益分配结果

从订单处理时间、服务准备时间、服务提供时间和投诉响应时间等方面综合考虑，可知在响应时间准则下产品服务化供应链上各成员企业的对比结果见表 7-6。

表 7-6　响应时间准则下的判断矩阵

	集成服务提供商	分包商	供应商
集成服务提供商	1.0000	2.0000	3.0000
分包商	0.5000	1.0000	2.0000
供应商	0.5000	0.5000	1.0000

可知上述判断矩阵的特征向量为 $(0.5396, 0.2970, 01634)^T$，一致性比率 $CR = \dfrac{CI}{RI} = 0.0089 < 0.1$。

按照上述比例，可知在响应时间准则下产品服务化供应链上各成员企业的收益分配结果为：

$$\varphi_1^5(v) = 1050 \times 0.5396 = 566.58 \text{ 万元}$$
$$\varphi_2^5(v) = 1050 \times 0.2970 = 311.85 \text{ 万元}$$

$\varphi_3^5(v) = 1050 \times 0.1634 = 171.57$ 万元

综述所述,可知不同分配原则下的产品服务化供应链上各成员企业的收益分配结果见表 7-7。

表 7-7 不同分配原则下产品服务化供应链的收益分配结果

分配原则	权重	收益分配向量(万元)
Shapley 值法		(416.6667,341.6667,291.6666)
投资额	(0.4643,0.3214,0.2143)	(487.5000,337.5000,225.0000)
所承担风险	(0.5000,0.2500,0.2500)	(525.0000,262.5000,262.5000)
创新能力	(0.6483,0.2297,01220)	(680.1750,241.1850,128.6400)
响应时间	(0.5396,0.2970,01634)	(566.5800,311.8500,171.5700)

7.5.3 综合策略下基于 AHP 权重的产品服务化供应链收益分配结果

综合策略下考虑产品服务化供应链上各成员企业的贡献率、投资额、承担风险、创新能力和响应时间等因素对收益分配协调的影响,并运用 AHP 确定上述各影响因素的权重。

根据基于 AHP 的产品服务化供应链收益分配影响因素权重的计算结果,可知指标体系中所有层次的权重关系见表 7-8。

表 7-8 产品服务化供应链收益分配指标体系中所有层次的权重关系

目标层权重	准则层对 A 目标层的影响权重	指标层对准则层的影响权重	指标层对目标层 A 合成的权重
产品服务化供应链收益分配权重 1.0000	Shapley 值 0.4073	贡献率 1.0000	0.4073
	投资额 0.2075	启动资金 0.5396	0.111967
		人力资本 0.2970	0.0616275
		融资成本 0.1634	0.0339055
	所承担风险 0.1284	市场需求风险 0.3008	0.03862272
		市场供应风险 0.1345	0.0172698
		市场环境风险 0.4621	0.05933364
		市场制度风险 0.1026	0.01317384

续表

目标层权重	准则层对A目标层的影响权重	指标层对准则层的影响权重	指标层对目标层A合成的权重
产品服务化供应链收益分配权重1.0000	创新能力 0.1284	服务概念创新 0.4673	0.06000132
		客户接触创新 0.0955	0.0122622
		服务传递和组织创新 0.1601	0.02055684
		技术创新 0.2771	0.03557964
	响应时间 0.1284	订单处理时间 0.2799	0.03593916
		服务准备时间 0.1156	0.01484304
		服务提供时间 0.4647	0.05966748
		投诉响应时间 0.1398	0.01795032

当给出不同分配策略下产品服务化供应链上各成员企业的收益分配结果时，根据上述计算结果可以得出综合策略下基于 AHP 权重的产品服务化供应链收益分配协调结果。

基于 AHP 的产品服务化供应链的不同分配策略权重向量为 $\alpha = (0.4073, 0.2075, 0.1284, 0.1284, 0.1284)^T$，以及不同分配策略下产品服务化供应链上各成员企业的收益分配结果向量分别为 $m_1 = (416.6667, 487.5, 525, 680.175, 566.85)^T$，$m_2 = (341.6667, 337.5, 262.5, 241.175, 311.85)^T$，$m_3 = (291.6666, 225, 262.5, 128.5, 171.57)^T$。因此，可知基于 AHP 权重的产品服务化供应链的收益分配结果为：

$$\varphi_1 = 0.4073 \times 416.6667 + 0.2075 \times 487.5 + 0.1284 \times 525 + 0.1284 \times 680.175 + 0.1284 \times 566.85 = 498.3579 \text{ 万元}$$

$$\varphi_2 = 0.4073 \times 341.6667 + 0.2075 \times 337.5 + 0.1284 \times 262.5 + 0.1284 \times 241.175 + 0.1284 \times 311.85 = 313.9055 \text{ 万元}$$

$$\varphi_3 = 0.4073 \times 291.6666 + 0.2075 \times 225 + 0.1284 \times 262.5 + 0.1284 \times 128.64 + 0.1284 \times 171.57 = 237.7366 \text{ 万元}$$

7.5.4 综合策略下基于 ANP 权重的产品服务化供应链收益分配结果

给出基于 ANP 的产品服务化供应链收益分配协调各影响因素的权重，在此基础上计算得出产品服务化供应链上各成员企业的收益分配结果，并与基于 Shapley 值法和基于 AHP 权重的产品服务化供应链收益分配结果进行对比分析。

1. 构建产品服务化供应链收益分配协调的未加权超矩阵

按照1~9标度,针对每一个父元素构建判断矩阵,比较子元素对父元素的影响程度高低,各判断矩阵的数据通过问卷的形式获得。所有局部排序向量构成未加权超矩阵,见表7-9(由于未加权超矩阵很大,这里只显示了该矩阵的一部分)。

表7-9 产品服务化供应链收益分配的未加权超矩阵

<table>
<tr><th colspan="2" rowspan="2">Cluster Node Labels</th><th rowspan="2">Shapley 值
贡献率</th><th colspan="5">产品服务化供应链利益分配</th><th colspan="2">创新能力</th></tr>
<tr><th>B1</th><th>B2</th><th>B3</th><th>B4</th><th>B5</th><th>客户接触创新</th><th>技术创新</th></tr>
<tr><td rowspan="5">产品服务化供应链利益分配</td><td>B1</td><td>1.000000</td><td>0.000000</td><td>0.000000</td><td>0.000000</td><td>0.000000</td><td>0.000000</td><td>0.000000</td><td>0.000000</td></tr>
<tr><td>B2</td><td>0.000000</td><td>0.000000</td><td>0.000000</td><td>0.000000</td><td>0.000000</td><td>0.000000</td><td>0.000000</td><td>0.000000</td></tr>
<tr><td>B3</td><td>0.000000</td><td>0.000000</td><td>0.000000</td><td>0.000000</td><td>0.000000</td><td>0.000000</td><td>0.000000</td><td>0.000000</td></tr>
<tr><td>B4</td><td>0.000000</td><td>0.000000</td><td>0.000000</td><td>0.000000</td><td>0.000000</td><td>0.000000</td><td>1.000000</td><td>1.000000</td></tr>
<tr><td>B5</td><td>0.000000</td><td>0.000000</td><td>0.000000</td><td>0.000000</td><td>0.000000</td><td>0.000000</td><td>0.000000</td><td>0.000000</td></tr>
<tr><td rowspan="3">创新能力</td><td>客户接触创新</td><td>0.097615</td><td>0.000000</td><td>0.000000</td><td>0.095434</td><td>0.000000</td><td>0.000000</td><td>0.000000</td><td>0.249981</td></tr>
<tr><td>技术创新</td><td>0.300389</td><td>0.000000</td><td>0.000000</td><td>0.277178</td><td>0.000000</td><td>0.142857</td><td>0.000000</td><td>0.000000</td></tr>
<tr><td>服务传递和组织创新</td><td>0.159198</td><td>0.000000</td><td>0.000000</td><td>0.000000</td><td>0.160083</td><td>0.000000</td><td>0.285714</td><td>0.000000</td></tr>
</table>

在产品服务化供应链收益分配协调未加权超矩阵中,只有同一元素集(如投资额)中的子元素(启动资金、人力资本和融资成本)优先程度才具有可比性。由于尚未对各元素集(贡献率、投资额、所承担风险、创新能力和响应时间等)进行优先程度分析,因而不同元素集中子元素间的优先程度不具有可比性。

接下来,将探讨产品服务化供应链收益分配协调ANP网络中元素集权重的处理过程,据此求得产品服务化供应链收益分配协调的加权超矩阵,以便于比较不同元素集中子元素的优先程度,具体处理过程见下一部分内容。

2. 构建产品服务化供应链收益分配协调的加权超矩阵

由于产品服务化供应链收益分配协调未加权超矩阵列未归一化,需利用产品服务化供应链收益分配协调ANP网络中元素集的权重对其未加权

第7章 产品服务化供应链收益分配协调机制设计研究

超矩阵进行加权处理,以使其归一化,同时也实现不同元素集中子元素对父元素的优先程度具有可比性。因此,需要针对每个父元素建立判断矩阵,按照 1~9 标度,分别以 Shapley 值(贡献率)、投资额、所承担风险、创新能力和响应时间为准则,两两判断构造判断矩阵。各判断矩阵的数据通过问卷的形式获得。然后计算求得排序向量的一致性比率,而所有排序向量构成产品服务化供应链收益分配协调 ANP 网络中元素集的权重矩阵。

将元素集的权重矩阵与上述产品服务化供应链收益分配协调未加权超矩阵相乘,即可得到列归一化的产品服务化供应链收益分配协调加权超矩阵,见表 7-10(由于加权超矩阵很大,这里只显示了该矩阵的一部分)。

表 7-10 产品服务化供应链收益分配的加权超矩阵

Cluster Node Labels		Shapley 值 贡献率	产品服务化供应链利益分配					创新能力	
			B1	B2	B3	B4	B5	客户接触创新	技术创新
产品服务化供应链利益分配	B1	0.638742	0.000000	0.000000	0.000000	0.000000	0.000000	0.000000	0.000000
	B2	0.000000	0.000000	0.000000	0.000000	0.000000	0.000000	0.000000	0.000000
	B3	0.000000	0.000000	0.000000	0.000000	0.000000	0.000000	0.000000	0.000000
	B4	0.000000	0.000000	0.000000	0.000000	0.000000	0.000000	0.666790	0.638146
	B5	0.000000	0.000000	0.000000	0.000000	0.000000	0.000000	0.000000	0.000000
创新能力	客户接触创新	0.005175	0.000000	0.000000	0.000000	0.095434	0.000000	0.000000	0.010930
	技术创新	0.015942	0.000000	0.000000	0.277178	0.000000	0.000000	0.006527	0.000000
	服务传递和组织创新	0.008439	0.000000	0.000000	0.000000	0.160083	0.000000	0.013059	0.000000

3. 产品服务化供应链收益分配协调极限超矩阵与结果分析

产品服务化供应链收益分配协调加权超矩阵的意义在于,可以用于跨元素集分析不同元素集中哪些子元素对父元素优先程度更高。由于产品服务化供应链收益分配协调影响因素存在依赖和反馈关系,因而上述产品服务化供应链收益分配协调加权超矩阵还要进行稳定性处理,得到产品服务化供应链收益分配协调极限超矩阵。在求得的产品服务化供应链收益分配协调极限超矩阵中,各列向量是完全相同的,此列向量即为产品服务化供应链收益分配协调影响因素的最终排序向量。

产品服务化供应链收益分配协调极限超矩阵的分析意义在于,可以通过其列向量（极限排序向量）分析所有产品服务化供应链收益分配协调影响因素的全局权重。产品服务化供应链收益分配协调极限矩阵见表 7-11。

表 7-11　产品服务化供应链收益分配的极限超矩阵

Cluster Node Labels		Shapley 值 贡献率	产品服务化供应链利益分配					创新能力	
			B1	B2	B3	B4	B5	客户接触创新	技术创新
产品服务化供应链利益分配	B1	0.130159	0.130159	0.130159	0.130159	0.130159	0.130159	0.130159	0.130159
	B2	0.108902	0.108902	0.108902	0.108902	0.108902	0.108902	0.108902	0.108902
	B3	0.053011	0.053011	0.053011	0.053011	0.053011	0.053011	0.053011	0.053011
	B4	0.056805	0.056805	0.056805	0.056805	0.056805	0.056805	0.056805	0.056805
	B5	0.047932	0.047932	0.047932	0.047932	0.047932	0.047932	0.047932	0.047932
创新能力	客户接触创新	0.008273	0.008273	0.008273	0.008273	0.008273	0.008273	0.008273	0.008273
	技术创新	0.026542	0.026542	0.026542	0.026542	0.026542	0.026542	0.026542	0.026542
	服务传递和组织创新	0.012105	0.012105	0.012105	0.012105	0.012105	0.012105	0.012105	0.012105

由于产品服务化供应链收益分配协调极限超矩阵很大，实际上其所有列向量都相同，故这里仅将从极限超矩阵中获得的各准则的权重列出。将图 7-6 中 0.130159，0.108902，0.053011，0.056805，0.047932 进行归一化处理可得出基于 ANP 下的产品服务化供应链收益分配协调各准则的权重分别为 0.3280，0.2744，0.1336，0.1432，0.1208。

4. 综合策略下基于 ANP 权重的产品服务化供应链收益分配结果

基于 ANP 的产品服务化供应链不同分配原则的权重向量为 $\beta=(0.3280,0.2744,0.1336,0.1432,0.1208)^{\mathrm{T}}$，以及不同分配策略下产品服务化供应链上各成员企业的收益分配结果向量分别为 $m_1=(416.6667,487.5,525,680.175,566.85)^{\mathrm{T}}$，$m_2=(341.6667,337.5,262.5,241.175,311.85)^{\mathrm{T}}$，$m_3=(291.6666,225,262.5,128.5,171.57)^{\mathrm{T}}$。因此，可知基于 ANP 权重的产品服务化供应链上各成员企业的收益分配结果为：

$$\varphi_1=0.3280\times416.6667+0.2744\times487.5+0.1336\times525+0.1432\times680.175+0.1207\times566.58=506.4206 \text{ 万元}$$

第7章 产品服务化供应链收益分配协调机制设计研究

$\varphi_2 = 0.3280 \times 341.6667 + 0.2744 \times 337.5 + 0.1336 \times 262.5 + 0.1432 \times 341.175 + 0.1208 \times 311.85 = 326.3910$ 万元

$\varphi_3 = 0.3280 \times 291.6667 + 0.2744 \times 225 + 0.1336 \times 262.5 + 0.1432 \times 128.64 + 0.1208 \times 171.57 = 217.1884$ 万元

可知基于Shapley值法的产品服务化供应链收益分配结果、综合策略下基于AHP权重的产品服务化供应链收益分配结果、综合策略下基于ANP权重的产品服务化供应链的收益分配结果对比情况见表7-12(单位:万元)。

表7-12 不同分配策略下的产品服务化供应链收益分配结果比较

策略	集成服务提供商	分包商	供应商
基于shapley值法的产品服务化供应链收益分配	416.6667	341.6667	291.6666
综合策略下基于AHP权重的产品服务化供应链收益分配	498.3579	313.9055	237.7366
综合策略下基于ANP权重的产品服务化供应链的收益分配	506.4206	326.3910	217.1884

由表7-9可知,改进后的收益分配协调方案中产品服务化供应链中集成服务提供商、分包商和供应商的获利仍保持着比独自完成所获的收益要大,且集成服务提供商和分包商分得的收益之和大于仅由两者构成子系统的收益之和,集成服务提供商和供应商分得的收益之和大于仅由两者构成子系统的收益之和,分包商和供应商分得的收益之和大于仅由两者构成子系统的收益之和,故该收益分配方案符合建立联盟的核心思想。

由于集成服务提供商相比于分包商和供应商承担着更高的风险并有高投资额,所以集成服务提供商分得的收益比单纯基于Shapley值法的收益分配方案分得的收益有所增大,而分包商分得收益有所降低,这也符合了经济学上的高风险高收入和按投资额大小决定收益分配大小的原则。但集成服务提供商比分包商具有创新和响应速度快优势,所以总的收益分配高于分包商和供应商。

综上所述,集成服务提供商、分包商和供应商均获取了理想收益分配额,该收益分配方案整体上更加合理。

7.6 本章小结

在 Shapley 值法仅考虑各成员企业贡献率单一因素的基础上，从产品服务化供应链的自身特性出发，引入各成员企业的投资额、承担风险、创新能力和响应时间等因素，以实现对 Shapley 值法的改进。

运用 ANP 确定上述影响因素的权重，ANP 克服了 AHP 的局限性，它以一种网络化的方式表示产品服务化供应链收益分配协调影响因素间的影响关系，考虑到影响因素间存在依赖关系和反馈关系，因而更贴近产品服务化供应链收益分配协调实现决策问题。

得出由于集成服务提供商相比于分包商和供应商承担着更高的风险并有高投资额，所以集成服务提供商分得的收益比单纯使用 Shapley 值法分配方案分得的收益有所增大，而分包商分得收益有所降低，这也符合了经济学上的高风险高收入和按投资额大小决定收益分配大小的原则。

最后，通过数值分析验证了该修正方法更加合理和贴近现实。

参考文献

[1] 丁宁. 服务业企业概念创新模型与创新实质[J]. 科学管理研究，2003,21(2):15-19.

[2] 蔺雷,吴贵生. 服务创新的四维度模型[J]. 数量经济技术经济研究，2004,21(3):32-37.

[3] 孙世民,张吉国,王继永. 基于 Shapley 值法和理想点原理的优质猪肉供应链合作伙伴利益分配研究[J]. 运筹与管理，2008,17(6):87-91.

[4] 胡盛强,张毕西,关迎莹. 基于 Shapley 值法的四级供应链利润分配[J]. 系统工程，2009,27(9):49-54.

[5] 张捍东,严钟,方大春. 应用 ANP 的 Shapley 值法动态联盟利益分配策略[J]. 系统工程学报，2009,24(2):205-211.

第8章 研究结论与展望

通过前面的详细分析,已对产品服务化供应链的协调机制设计进行了研究,本章将对前面的研究内容做出总结,归纳和阐明本书的主要研究结论和贡献,并对本书的局限性进行说明,同时指出后续可进一步研究的方向。

8.1 研究结论和主要贡献

8.1.1 主要研究结论

本书的主要研究内容包括产品服务化供应链基础理论分析、产品服务化供应链营销协调机制设计、产品服务化供应链能力协调机制设计和产品服务化供应链收益分配机制设计。围绕上述研究内容,本书取得的主要研究结论如下:

(1)对产品服务化供应链基础理论进行了系统性的分析,形成了一个完整的产品服务化供应链基础理论框架。首先给出了一个完整的产品服务化供应链的定义,即产品服务化供应链是围绕核心企业(集成服务提供商),通过对物流、服务流、价值流、信息流、资金流的控制,从制造资源和服务能力的投入开始,中间经过客户参与以及各成员企业(集成服务提供商、产品提供商、服务提供商)间的相互合作,最后由"集成服务提供商"把"产品服务系统"交付给客户的将供应商(产品提供商和服务提供商)、分包商、集成服务提供商和客户连成一个整体的功能网络结构。

接着,依据系统论的思想对产品服务化供应链结构模型进行了分析。从系统论的观点来看,其输入端为各成员企业有形的制造资源和无形的服务能力,中间经过客户参与以及各成员企业间相互提供生产性服务和服务性生产等环节,输出完整和高效的"产品服务系统"。集成服务提供商是产品服务化供应链的核心成员企业,下游直接面对客户,上面面对多级多个不同类型的分包商,分包商面对多个供应商。

其次，依据超网络的思想对产品服务化供应链的特征进行了分析及归纳。产品服务化供应链由产品供应链和服务供应链融合而形成一个"超网络供应链"，从超网络的特征出发，将产品服务化供应链的特征进行归纳为">"型多级性、流量的多维性、多属性、协调性、整合性、增值性、创新性等。

进一步，为了能够更深入的了解和掌握产品服务化供应链的内涵，在结构模型、盈利模式、关注对象、收益诉求和汲取机制、流动对象、协调对象等六个方面将产品服务化供应链与传统产品供应链和服务供应链进行了对比分析。

再次，通过与传统产品供应链和服务供应链运作模型的对比分析，给出产品服务化供应链运作模型中的关键流程主要包括需求管理、能力管理、收益分配管理、风险管理等。

最后，基于"过程管理"的思想，确定了产品服务化供应链协调管理中的关键问题：产品服务化供应链营销协调、产品服务化供应链能力协调、产品服务化供应链收益分配协调等。

（2）设计了有效的产品服务化供应链营销协调机制。产品服务化供应链的营销协调以发掘客户需求、实现价值创造为目标，其主要内容是以客户为中心，将客户未被满足的需求及潜在的需求通过产品服务化供应链的努力，将其转化为现实消费的行为。本质上讲，产品服务化供应链的营销协调是指如何让客户订购产品服务系统中更多的价值模块所采取的有效行动。

交叉销售为产品服务化供应链营销协调实践活动提供了理论指导，数据挖掘中的关联规则分析为交叉销售的应用提供了技术支持。

首先，对产品服务化供应链客户需求的特征进行了分析。产品服务化供应链中，客户与集成服务提供商直接接触，需求内容涉及范围广，但依据服务部分所占的比重，其需求表现为产品主导和服务两种形式，并进一步分析指出客户选择行为的影响因素主要有客户的估价分布、感知成本和预算等。

其次，完成了对产品服务系统价值模块的划分。针对现有产品服务系统研究分类结果过于笼统的问题，结合现实情况，依据产品服务系统价值创造和实现的先后顺序将产品服务系统分为市场调研、研发设计、产品加工、售后服务、备品备件、升级改造、回收等七个价值模块，这是产品服务化供应链交叉销售策略实施的基础。

接着，识别出了产品服务系统中不同价值模块间的关联关系。构建了基于关联规则分析的产品服务系统中价值模块间关联关系的识别模型，运用 Apriori 算法，依据最小支持度和最小可信度原则，按照连接和剪枝的先后顺序，对识别模型进行求解分析，产生关联规则，该关联规则可直接用于

第8章 研究结论与展望

指导集成服务提供商的营销活动,使其更具有针对性。

最后,给出集成服务提供商的交叉销售定价策略,并探讨了客户的估价分布、感知成本和预算等因素对交叉销售定价策略的影响。

(3)设计了有效的综合考虑供应和需求不确定的产品服务化供应链能力协调机制。首先,对分散状态下产品服务化供应链上各成员企业的决策行为进行了分析。研究得出,在分散状态下,供应商不能满足分包商转包能力需求的可能性与转包需求量无关,而且是固定的。所以,在分散状态下,分包商将不会努力去消除能力供应的不确定性。与此同时,市场需求的不确定性带来的风险由集成服务提供商单独承担。

接着,分为三种情形对产品服务化供应链的协调模型进行了分析。针对供应不确定,构建了基于惩罚契约的分包商和供应商间的协调模型。研究得出,当分包商实施惩罚措施时,分包商转包需求量增加带来的收益可以弥补供应商的缺货损失,所以供应商将接受该惩罚协调契约,同时提高其能力供应的可能性;针对需求不确定,构建了基于收益共享契约的分包商和集成服务提供商间的协调模型。研究得出,与分散状态下相比,集成服务提供商的订购数量,以及分包商和集成服务提供商期望联合收益增加。但供应商的能力供应不确定性却没有改变。由于缺乏供应商的能力共享信息,此时分包商和集成服务提供商的联合期望最优收益未必能实现;在此基础上,构建了基于惩罚和收益共享的联合契约的产品服务化供应链协调模型。在该协调模型中,供应商与分包商和集成服务提供商共享其能力信息,分包商实施惩罚措施促使供应商降低能力供应不确定性,以及在基于收益共享契约的协调模型中集成服务提供商与分包商共享其收益信息。研究得出,基于惩罚和收益共享的联合契约的协调模型,降低了供应商不能满足分包商能力需求的不确定性,同时减弱了市场需求不确定带来的影响,实现了产品服务化供应链整体收益的提高,并保证产品服务化供应链上各成员企业的收益均得到了提高。

(4)设计了有效的产品服务化供应链收益分配协调机制。首先,在基于Shapley值法的收益分配策略仅考虑各成员企业贡献率单一因素的基础上,从产品服务化供应链的自身特性出发,综合考虑各成员企业的投资额、承担风险、创新能力和响应时间等因素对收益分配协调的影响,以实现对Shapley值法的改进。其中,投资额包括产品服务化供应链上各成员企业的启动资金、人力资本和融资成本等;承担的风险包括产品服务化供应链上各成员企业面临的市场需求风险、市场供应风险、市场环境风险和市场制度风险等;创新能力是指产品服务化供应链上各成员企业的服务概念创新、客户接触创新、服务传递和组织创新、技术创新等;响应时间包括产品服务化供应链上各成员企业的订单处理时间、服务准备时间、服务提供时间和投诉响应时间等。

其次,运用 AHP 确定上述影响因素的权重,但 AHP 无法考虑到影响因素的外部依赖和内部依赖性。

接着,运用 ANP 确定上述影响因素的权重,ANP 克服了 AHP 的局限性,它以一种扁平的、网络化的方式表示产品服务化供应链收益分配影响因素之间的相互影响关系,允许影响因素之间存在依赖关系和反馈关系,因而与产品服务化供应链收益分配实现决策问题更为接近。

最后,给出应用 ANP 的改进 Shapley 值法的产品服务化收益分配协调机制,并通过数值分析验证了该协调机制更加合理和贴近现实。

8.1.2 主要贡献

本书在服务经济兴起和制造企业实施服务转型的背景下,基于系统论、超网络、过程管理、交叉销售、博弈论、机制设计理论等理论与方法,对产品服务化供应链的协调机制设计问题进行了研究。在该领域相关问题的研究基础上,本文研究的主要贡献体现在以下四个方面:

(1)对产品服务化供应链的基础理论进行了系统和深入的分析,形成了一个完整的产品服务化供应链基础理论框架。

当前,国内外学者对产品服务化供应链的研究主要针对其概念和特征等方面,缺乏系统性的研究。本书首先给了一个完整的产品服务化供应链的定义,并分析指出产品服务化供应链的运作过程是本质上基于各成员企业能力合作的过程。其次,从系统论的观点,形象的描绘了产品服务化供应链的结构模型。接着,依据超网络的思想分析并归纳出了产品服务化供应链的特征。然后,在结构模型、盈利模式、关注对象、收益诉求和汲取机制、流动对象、协调对象等六个方面与传统产品供应链和服务供应链进行了对比分析。再次,通过与传统产品供应链和服务供应链运作模型的对比分析,给出了产品服务化供应链运作模型。最后,依据"过程管理"的思想,将产品服务化供应链上下游的活动分为"能力营销"和"能力供应"两个主要环节,并确定出了产品服务化供应链协调中的关键问题,具体包括:营销协调、能力协调、收益分配协调等。

从概念、结构模型、特征、与传统产品供应链和服务供应链的不同、运作模型、协调中的关键问题等方面对产品服务化供应链的基础理论进行了系统和深入地分析,形成了一个完整的基础理论框架。

(2)将交叉销售应用到产品服务化供应链营销协调中,设计了有效的营

第8章 研究结论与展望

销协调机制。

产品服务化供应链为客户提供产品服务系统,但目前关于产品服务系统的研究尚未涉及其销售相关问题。本书以交叉销售理论为指导,对产品服务化供应链营销协调问题进行了研究,并设计了有效的协调机制。

首先,对产品服务化供应链的客户需求特征进行了分析。产品服务化供应链中,客户与集成服务提供商直接接触,需求内容涉及范围广,但依据服务部分所占的比重,其需求表现为产品主导和服务两种形式,并进一步分析指出客户选择行为的影响因素主要有客户的估价分布、感知成本和预算等。其次,针对已有产品服务系统分类研究结果过于笼统等问题,结合现实情况,依据产品服务系统价值创造和实现的先后顺序将产品服务系统分为市场调研、研发设计、产品加工、售后服务、备品备件、升级改造、回收等七个价值模块,这正是交叉销售策略实施的基础。接着,运用关联规则分析和Apriori算法识别出了产品服务系统中不同价值模块间的关联关系,该关联关系可直接用于指导集成服务提供商的营销行为,使其更具有针对,进一步提高营销效率。最后,给出交叉销售的定价策略,并探讨了客户的估价分布、感知成本和预算等因素对交叉销售定价策略的影响,以便更大程度的减少消费者剩余和降低净额外损失。

(3) 综合考虑供应和需求不确定的情形下,设计了基于惩罚和收益共享的联合契约的产品服务化供应链能力协调机制。

产品服务化供应链的运作本质上是基于各成员企业能力合作的过程,由于服务具有与有形产品本质区别的固有属性,其上游成员企业能力供应和下游客户需求均面临不确定性。然而,目前关于供应链能力协调的研究文献较少同时考虑到供应和需求的不确定性。本书同时考虑供应和需求的不确定性,并设计了基于惩罚和收益共享的联合契约的产品服务化供应链能力协调机制。

首先,对分散状态下产品服务化供应链上各成员企业的决策行为进行了分析。接着,分为三种情形对产品服务化供应链的协调模型进行了分析。针对供应不确定,构建了基于惩罚契约的分包商和供应商的协调模型,研究得出该协调契约有助于降低供应商能力供应的不确定性,同时实现两者收益的提高;针对需求不确定,构建了基于收益共享契约的分包商和集成服务提供商间的协调模型,研究得出,集成服务提供商的订购数量,以及两者的联合期望收益均会增加。但是分包商和集成服务提供商间的协调无法改变其面临的能力供应不确定性;在此基础上,构建了基于惩罚和收益共享的联合契约的产品服务化供应链协调模型。研究得出,基于惩罚和收益共享的联合契约的协调模型,不但能够降低了供应商能力供应的不确定性,同时也减弱了市场需求不确定带来的影响,实现了产品服务化供应链整体收益的提高,并保证产品服务化供应链上各成员企业的收益均得到了提高。

(4)应用 ANP 的改进 Shapley 值法产品服务化供应链收益分配协调机制。

传统基于 Shapley 值法的收益分配策略仅考虑成员企业的贡献率,但产品服务化供应链收益分配协调受到多种因素影响,以及基于 AHP 的影响因素权重的确定模型未能考虑影响因素间相互影响关系。本书在贡献率的基础上,引入产品服务化供应链收益分配协调的其他影响因素,以实现对传统 Shapley 值法的改进。运用 ANP 确定影响因素的权重,克服 AHP 的局限性,充分考虑影响因素间的相互影响关系。首先,在传统 Shapley 值法仅考虑成员企业贡献率这单一因素的基础上,从产品服务化供应链的自身特性出发,引入各成员企业的投资额、承担风险、创新能力和响应时间等收益分配影响因素,实现对 Shapley 值法的改进。其次,运用 ANP 确定上述影响因素的权重,ANP 克服了 AHP 的局限性,它以一种扁平的、网络化的方式表示产品服务化供应链收益分配协调各影响因素之间的相互关系,允许影响因素之间存在相互依赖关系和反馈关系,因而与产品服务化供应链收益分配协调现实决策问题更为接近。

应用 ANP 的改进 Shapley 值法产品服务化供应链收益分配策略更加合理且贴近现实。

8.2 局限性及进一步研究的问题

产品服务化供应链是刚出现的新的供应链形态,对它的研究才刚刚起步。尽管本书的研究达到了预期的研究目的,并且获得了一些研究结论。但是,受到本人的能力、精力和时间以及其他客观条件的限制,本书的研究尚存在如下局限性,归纳和分析这些研究局限性有利于后续对该领域相关问题的深入研究。

(1)在产品服务化供应链营销协调机制研究中,本书未考虑下游客户会有不同的选择行为。在现实中,受到客户的估价分布、感知成本和预算等因素的影响,不同类型的客户对产品服务系统中各价值模块及其组合的认识和接受程度不同。如何在考虑客户选择行为的情形下,制定出具有针对的交叉销售定价策略,以使产品服务化供应链的营销协调更贴近现实活动,可作为产品服务化供应链营销协调进一步的研究问题。

(2)在产品服务化供应链能力协调机制设计时,本书未考虑能力间的相

第8章 研究结论与展望

互匹配。在现实中,围绕产品服务系统价值的创造和传递,需要产品服务化供应链上不同类型功能型服务提供商(如研发设计与产品加工功能型服务提供商)的合作完成,相关的不同类型成员企业间的能力提供需要相互匹配,以达到有效协作的目的。因此,考虑产品服务化供应链上不同类型成员企业间匹配情形下的能力协调问题,可作为产品服务化供应链能力协调进一步的研究问题。

(3)在本书所选择的产品服务化供应链中,上游每层成员企业均只有一个(集成服务提供商除外)。然而针对产品服务系统的复杂性,以及从风险分担的角度出发,产品服务化供应链中集成服务提供商在选择分包商时数量一般会大于或等于两个。同样,分包商在选择供应商时也会做出同样的选择,依此类推。这时,下游成员企业在向上游成员企业能力分配时将要考虑到在同一层多个成员企业的能力分配,若同层的成员企业间存在竞争关系时,能力分配将变得更为复杂。

如前所述,尽管本书研究存在一些局限性与不足,但是也为后续探讨相关问题的研究做出了一些努力,未来可以进一步深入研究的问题有:

(1)考虑客户选择行为的产品服务化供应链营销协调机制设计。考虑不同类型的客户会有不同的选择行为,表现为从产品服务系统中选择不同的价值模块。此时,集成服务提供商制定的交叉销售策略必须具有差异性,针对不同类型的客户从产品服务系统中选择相应的价值模块,并制定相应的交叉销售定价策略,以保证产品服务化供应链营销协调活动的有效实施。

(2)考虑能力匹配约束下的产品服务化供应链能力协调机制设计。产品服务化供应链上游成员企业的能力需相互匹配,此种情形下,如何设计出有效的产品服务化供应链能力协调机制。

(3)N个供应商、N个分包商和集成服务提供商间的能力协调机制设计。产品服务化供应链上每一层成员企业(集成服务提供商除外)的数量均大于或等于两个,需解决如何在同层成员企业间的能力分配,以及上游供应商的能力转包问题。此种情形下,如何设计出有效的能力协调机制。